CURRICULARIDADE

Editora Appris Ltda.
1.ª Edição - Copyright© 2024 dos autores
Direitos de Edição Reservados à Editora Appris Ltda.

Nenhuma parte desta obra poderá ser utilizada indevidamente, sem estar de acordo com a Lei n°
9.610/98. Se incorreções forem encontradas, serão de exclusiva responsabilidade de seus organizadores. Foi realizado o Depósito Legal na Fundação Biblioteca Nacional, de acordo com as Leis n[os]
10.994, de 14/12/2004, e 12.192, de 14/01/2010.

Catalogação na Fonte
Elaborado por: Josefina A. S. Guedes
Bibliotecária CRB 9/870

C976c 2024	Curricularidade / Cláudio Narcélio Rodrigues de Araújo, Marcio Antonio Raiol dos Santos (orgs.). – 1. ed. – Curitiba: Appris, 2024. 165 p. ; 21 cm. – (Educação, tecnologias e transdisciplinaridade). Inclui referências. ISBN 978-65-250-5652-4 1. Currículo. 2. Escola. 3. Educação básica. I. Araújo, Cláudio Narcélio Rodrigues de. II. Santos, Marcio Antonio Raiol dos. III. Título. IV. Série. CDD – 401.41

Livro de acordo com a normalização técnica da ABNT

Appris *editora*

Editora e Livraria Appris Ltda.
Av. Manoel Ribas, 2265 – Mercês
Curitiba/PR – CEP: 80810-002
Tel. (41) 3156 - 4731
www.editoraappris.com.br

Printed in Brazil
Impresso no Brasil

Cláudio Narcélio Rodrigues de Araújo
Marcio Antonio Raiol dos Santos
(org.)

CURRICULARIDADE

FICHA TÉCNICA

EDITORIAL	Augusto V. de A. Coelho
	Sara C. de Andrade Coelho
COMITÊ EDITORIAL	Ana El Achkar (UNIVERSO/RJ)
	Andréa Barbosa Gouveia (UFPR)
	Conrado Moreira Mendes (PUC-MG)
	Eliete Correia dos Santos (UEPB)
	Fabiano Santos (UERJ/IESP)
	Francinete Fernandes de Sousa (UEPB)
	Francisco Carlos Duarte (PUCPR)
	Francisco de Assis (Fiam-Faam, SP, Brasil)
	Jacques de Lima Ferreira (UP)
	Juliana Reichert Assunção Tonelli (UEL)
	Maria Aparecida Barbosa (USP)
	Maria Helena Zamora (PUC-Rio)
	Maria Margarida de Andrade (Umack)
	Marilda Aparecida Behrens (PUCPR)
	Marli Caetano
	Roque Ismael da Costa Güllich (UFFS)
	Toni Reis (UFPR)
	Valdomiro de Oliveira (UFPR)
	Valério Brusamolin (IFPR)
SUPERVISOR DA PRODUÇÃO	Renata Cristina Lopes Miccelli
PRODUÇÃO EDITORIAL	Daniela Nazario
REVISÃO	Isabel Tomaselli Borba
DIAGRAMAÇÃO	Bruno Ferreira Nascimento
CAPA	Eneo Lage
REVISÃO DE PROVA	Jibril Keddeh

PREFÁCIO

O currículo é um campo contínuo de tensionamento dado seu caráter político, que contribui para a formação do sujeito que se espera para a sociedade. Desde um viés tecnicista — restrito ao planejamento sob responsabilidade dos curriculistas — à compreensão de que se configura práxis — portanto constitutivo também na ação docente numa relação dialética teoria e prática, ou mesmo uma produção discursiva, constituída nas micro relações sociais —, o currículo é objeto de disputa, estratégia de controle, *fazedor* e condutor da função social da escola, a partir e por meio dos diferentes e contraditórios pressupostos que podem orientar a definição dessa função.

A resposta sobre onde e quem produz o currículo sempre dependerá da perspectiva teórica que o sustenta, contudo, nele sempre encontraremos as forças que gravitam em torno da sua elaboração/produção. Como elemento central na organização da educação formal desenvolvida em instituições escolares, compreendidas como espaço-tempo da formação intencional do sujeito, o currículo pode ser analisado em diferentes níveis de elaboração. Desde as orientações oficiais, compreendidas como currículo prescrito, configuradas por "contraditórios" oriundos de disputas pelo poder, ao currículo vivido, aquele configurado no cotidiano do espaço-tempo da escola, por meio das relações estabelecidas entre os sujeitos educacionais, particularmente professores/as e alunos/as, sujeitos "inventados" com funções específicas nas instituições educacionais.

Assim, o currículo como campo de investigação e objeto produzido para/com/na escola pode ser compreendido e analisado a partir de diferentes matizes e na intercessão e diálogo com um conjunto de elementos que circundam o campo educacional.

É nesse contexto que se situam as discussões e intercessões presentes no livro *Curricularidade*, organizado pelo Prof. Dr. Marcio Raiol e pelo mestrando Cláudio Araújo, a partir das tramas e diálogos produzidos por alunos, pesquisadores e professores da educação básica integrantes do Grupo de Pesquisa em Práticas Pedagógicas Para o Ensino na Educação Básica (Grape), vinculado ao Núcleo de Estudos Transdisciplinares em Educação Básica da Universidade Federal do Pará (Ufpa).

Em sua trama, o livro se estrutura em sete capítulos, que dialogam a partir e com o currículo com as etapas e modalidades da educação básica, os conhecimentos escolares e as políticas educacionais em diferentes recortes e bases conceituais, conforme apresento a seguir: o primeiro capítulo, intitulado "O currículo integrado", dos autores Marcio Antonio Raiol dos Santos e Cláudio Narcélio Rodrigues de Araújo, dá o tom do que será apresentado no decorrer dos demais capítulos, por meio de análises e reflexões sobre o currículo integrado e seus desdobramentos multidisciplinar, interdisciplinar, transdisciplinar e sua relação com o conhecimento — considerando elemento central quando se discute currículo. As análises evidenciam a forma como nos relacionamos com o conhecimento e as barreiras que devem ser enfrentadas para a superação de perspectivas fragmentadas do currículo. No texto de Lívia Maria Neves Bentes, intitulado "Currículo mandálico ou um currículo pelas infâncias: um ensaio sobre giras possíveis, fecundadas em educações transgressoras", a autora tece reflexões muito interessantes sobre pensar um currículo transgressor, que fuja à lógica colonialista que domina o campo. Humberto de Jesus Caldas Pereira e Nilce Pantoja do Carmo, autores do capítulo intitulado "Discursos curriculares na produção acadêmica sobre ludicidade na educação do campo/2015-2018", objetivam analisar os discursos dessa interseção entre currículo-ludicidade-educação do campo, por meio do estado do conhecimento em produções acadêmicas disponíveis na Biblioteca Digital de Dissertações e Teses do Centro de Aperfeiçoamento de Pessoal de Nível Superior (BDTD/Capes). Os autores relacionam os discursos às teorias tradicionais, críticas e pós-críticas do currículo. O capítulo "O direito subjetivo a educação para todos: a inclusão dos educandos PCD na educação básica e a constituição de um currículo integrado", de autoria de Marcio Antonio Raiol dos Santos e Cláudio Narcélio Rodrigues de Araújo, tem como objetivo discutir o currículo integrado, como uma alternativa possível para a garantia do direito subjetivo à educação, considerando o caráter desse proposta mais ampliada de currículo, para além dos conteúdos escolares, mas efetivamente voltado à formação integral do sujeito, particularmente no contexto da inclusão de pessoas com deficiência que historicamente tiveram o direito à educação negligenciado. O texto de autoria de Carlos Afonso Ferreira dos Santos, intitulado "Inovação educacional: significados e experiências na educação física", tem como objetivo analisar o significado de inovação em Educação Física e as práticas pedagógicas de docentes da Escola de Aplicação da Universidade Federal do Pará (Ufpa), evidenciando a necessidade de revisão da tradição desse significado pelos docentes para a orientação de práticas mais articuladas às necessidades da formação do estudante. Já o texto "Fundamentos didático-pedagógicos e bases teóricas para uma construção curricular com o conteúdo lutas no ensino médio", dos autores Elane Cristina Pinheiro Monteiro, Renan Santos Furtado e Alexandre Fernandez Vaz, apresenta reflexões a partir da experiência sobre o ensino das lutas para alunos do ensino médio da Escola de Aplicação da Ufpa, de dois autores-docentes desse texto, com o objetivo de discutir as orientações didático-pedagógicas, os conhecimentos e as perspectivas teóricas mobilizadas para o ensino desse conteúdo curricular. Numa dimensão mais teórica, no texto "Encontros e diálogos curriculares à luz de Morin e Freire: possibilidades do currículo híbrido", os autores Cláudio Narcélio Rodrigues de Araújo, Fabiana Sena da Silva, Suellen Ferreira Barbosa e Marcio Antonio Raiol dos Santos centram a discussão do currículo híbrido a partir da interface entre a educação libertadora, pautada no diálogo de Paulo Freire, e a teoria da complexidade, de Edgar Morin. O currículo híbrido, oriundo do cruzamento de orientações críticas e pós-críticas, se coloca como enfrentamento ao currículo fragmentado que historicamente se faz presente no contexto educacional.

O conjunto dos textos traz reflexões, diálogos, apontamentos, ressignificações que contribuem para pensar/problematizar/produzir o currículo a partir de fontes e lentes teóricas mais integradas, contextualizadas, dinâmicas como alternativa ao currículo tradicional

— conteudista e tecnicista — que historicamente orientou a seleção/ organização do conhecimento no espaço-tempo escolar.

Portanto, o mergulho nas leituras produzidas no livro *Curricularidade*, além de grande contribuição para o campo do currículo, particularmente o pensado/produzido/desenvolvido na educação básica, também se configura convite e fonte de orientação para ressignificação de práticas curriculares, pedagógicas e docentes que vislumbram uma educação mais humanizada, integradora e com respeito a formação crítica do sujeito.

Amélia Maria Araújo Mesquita
Doutora em Educação; professora da Universidade Federal do Pará (Ufpa)
Lattes: 9074927290515299
Orcid: 0000-0003-4630-116X

SUMÁRIO

INTRODUÇÃO 11

O CURRÍCULO INTEGRADO 13
Marcio Antonio Raiol dos Santos
Cláudio Narcélio Rodrigues de Araújo

CURRÍCULO MANDÁLICO OU UM CURRÍCULO PELAS
INFÂNCIAS: UM ENSAIO SOBRE GIRAS POSSÍVEIS,
FECUNDADAS EM EDUCAÇÕES TRANSGRESSORAS 31
Livia Maria Neves Bentes

DISCURSOS CURRICULARES NA PRODUÇÃO ACADÊMICA
SOBRE LUDICIDADE NA EDUCAÇÃO DO CAMPO/2015-2018 . 57
Humberto de Jesus Caldas Pereira
Nilce Pantoja do Carmo

O DIREITO SUBJETIVO A EDUCAÇÃO PARA TODOS: A
INCLUSÃO DOS EDUCANDOS PCD NA EDUCAÇÃO BÁSICA E
A CONSTITUIÇÃO DE UM CURRÍCULO INTEGRADO 77
Marcio Antonio Raiol dos Santos
Cláudio Narcélio Rodrigues de Araújo

INOVAÇÃO EDUCACIONAL: SIGNIFICADOS E EXPERIÊNCIAS
NA EDUCAÇÃO FÍSICA.. 97
Carlos Afonso Ferreira dos Santos

FUNDAMENTOS DIDÁTICO-PEDAGÓGIOS E BASES TEÓRICAS PARA UMA CONSTRUÇÃO CURRICULAR COM O CONTEÚDO LUTAS NO ENSINO MÉDIO 123

Elane Cristina Pinheiro Monteiro

Renan Santos Furtado

Alexandre Fernandez Vaz

ENCONTROS E DIÁLOGOS CURRICULARES À LUZ DE MORIN E FREIRE: POSSIBILIDADES DO CURRÍCULO HÍBRIDO 147

Cláudio Narcélio Rodrigues de Araújo

Fabiana Sena da Silva

Suellen Ferreira Barbosa

Marcio Antonio Raiol dos Santos

SOBRE OS AUTORES 161

INTRODUÇÃO

Este livro representa um complexo epistemológico curricular que vem abrigar as diferentes perspectivas teóricas e práticas inerentes ao campo do currículo, que é um espaço plural e diverso. As multivozes curriculares expressam diferentes visões sobre a epistemologia do currículo e estão presentes na diversidade de falas inerentes a esse campo denso e ao mesmo tempo movediço.

Por esse motivo, juntamos a dimensão do significado da palavra "currículo" ao sufixo "idade", que indica condição ou qualidade, utilizado para criação de palavras abstratas, que tenta unir o radical de um sentido, colocando nele qualidades e condições. Embora seja um neologismo, cunhamos essa palavra e empregamos ao título desta obra, que é uma compilação do resultado de uma pequena parte das pesquisas realizadas pelo Grupo de Pesquisa em Práticas Pedagógicas Para o Ensino na Educação Básica (GPRAPE), da Universidade Federal do Pará, vinculado ao Núcleo de Estudos Transdisciplinares em Educação Básica (NEB) coordenado pelo professor Marcio Raiol.

A partir da linha de pesquisa Currículo da Educação Básica, responsável por reunir as várias mãos dos pesquisadores que teceram os textos deste livro, convidamos o leitor a navegar pelas epistemologias curriculares. Nesta perspectiva, gostamos da ideia de associar o currículo a um rio que acompanha a lógica de algo que começa singelo e pequeno, mas, com o passar dos anos, vai crescendo e fluindo, como um caminho sinuoso na educação básica.

As águas que correm em um rio, assim como o conhecimento que flui no currículo, se renovam e se aprofundam, mesmo com a mudança das estações do ano, o rio segue o seu percurso sem cessar. Enquanto o currículo da educação básica segue sua jornada no processo de ensino-aprendizagem.

O rio atravessa várias paisagens, enquanto o currículo da educação básica cria novas perspectivas. E diante dessa lógica de pensar no currículo, associado a ideia de rio, como um processo fluído, em que o conhecimento se renova constantemente, navegaremos pelo rio ou pelas concepções de currículo explorando diferentes áreas de conhecimento, descobrindo novas maneiras de se relacionar com o mundo, de pensar e assim encontrar respostas para questões fundamentais para a educação básica.

Então, diante desse entrelaçamento da concepção de currículo com um rio, este livro está organizado em capítulos que são independentes e não exigem uma linearidade para sua leitura, pois o objetivo dessa organização é navegar pela diversidade nas abordagens, concepções, formas de pensar nos jeitos de ser o currículo e sua constituição epistemológica, contribuindo e ampliando, ainda mais, o entendimento sobre o currículo na educação básica.

Assim, esperamos que a leitura ofereça um diálogo e estímulos a novas reflexões sobre o campo do currículo.

O CURRÍCULO INTEGRADO

Marcio Antonio Raiol dos Santos

Cláudio Narcélio Rodrigues de Araújo

Introdução

Ao longo dos anos, o currículo passou por diversas transformações, influenciadas por mudanças sociais, políticas e culturais. A partir desse movimento, se emergiram diferentes concepções do currículo para responder aos desafios do mundo contemporâneo, devido ao fato de o currículo não ser neutro, mas, sim, um reflexo das escolhas políticas e ideológicas das demandas sociais.

Essas demandas sociais moldam o currículo conforme as prioridades da sociedade, impactando na construção do conhecimento. À medida que a sociedade evolui, novas demandas e conhecimentos emergem, exigindo do currículo as mudanças necessárias para preparar os aprendentes para o mundo contemporâneo. Muito embora, mesmo mediante a essas diversas e distintas definições que os estudos sobre currículo têm trazido, existe uma aproximação em comum, que são as definições no que diz respeito ao conhecimento (LOPES; MACEDO, 2011). Essa relação interdependente entre currículo e conhecimento é o que nos impulsiona a transitar pelo campo teórico, sem pretensão de exaustão. Mas trazendo para este capítulo aspectos que caracterizam o currículo integrado. Deste modo, realizamos uma imersão analítica e dialógica, convidando-nos a pensar sobre o currículo integrado, os seus desdobramentos multidisciplinar, interdisciplinar, transdisciplinar e sua relação com o conhecimento.

O currículo integrado

O currículo integrado possuí raízes profundas na história da educação, historicamente não podemos ancorar seu surgimento a um período específico ou local que tenha surgido. Mas, com o passar do tempo, a ideia do que deveria ser ensinado passou a ser discutida. "Num momento marcado pelas demandas da industrialização, a escola ganha novas responsabilidades: ela precisa voltar-se para a resolução dos problemas sociais gerados pelas mudanças econômicas da sociedade." (LOPES; MACEDO, 2011, p. 21). Foi então necessário que determinassem as áreas da sociedade que abrangiam as atividades sociais, para em seguida dividir em áreas menores.

Há mais de século, o currículo vem sendo discutido e, ao longo dos anos, foi proposta a criação de um currículo integrado. Este conecta diferentes áreas do conhecimento para promover uma aprendizagem contextualizada e interdisciplinar. Santomé (1998, p. 25), afirma que "em geral, poucos estudantes são capazes de vislumbrar algo que permite unir ou integrar os conteúdos ou o trabalho das diferentes disciplinas.". Assim, com o currículo integrado, faz-se possível que os aprendentes compreendam a construção do conhecimento partindo de diferentes perspectivas que conectem áreas diferentes.

Ao ajustarmos as nossas lentes, observamos nas ideias progressistas de John Dewey (1979) a defesa de uma aprendizagem que valoriza as experiências e a interconexão com diferentes áreas do conhecimento, para assim legitimar uma educação que promova um conhecimento significativo, integral e relevante aos aprendentes. Dessa forma, compreendemos que a educação, conforme Dewey (1979, p. 93), deve "levar a um mundo em expansão da 'matéria de estudo', concebida como sistema de fatos ou informações de ideias". Nessa perspectiva, o conhecimento deve levar a uma compreensão profunda do mundo e das ideias. O conteúdo escolar não deve ser visto como algo estéril, mas como uma evolução e crescimento do aprendente. Esses princípios coadunam com o currículo integrado, para Santomé (1998), o currículo integrado é um conceito guarda-chuva que pode ser considerado apropriado para referir-se à interrelação de diferentes campos do conhecimento, que visam uma construção e reconstrução de conhecimento que circula em cada contexto, prevendo um desenvolvimento integral do aprendente, além de uma educação democrática e não excludente. Para Mota e Araújo (2021, p. 917) "o currículo integrado tem potencial de apresentar a realidade, não mais de forma fragmentada, mas como uma totalidade."

Nessa discussão, podemos apresentar Bernstein, embora seu trabalho não esteja diretamente ancorado no currículo integrado, é possível relacionar seus conceitos de códigos ao entendimento do currículo integrado. Para Bernstein (1990, p. 136) os:

> [...] códigos restritos, em termos de significados particularistas, locais, dependentes do contexto e, no caso dos códigos elaborados, em termos de significados universalistas, menos locais, mais independentes do contexto. Claramente, em um sentido fundamental, todos os significados são dependentes do contexto, mas os significados diferem com respeito às suas relações com um contexto local e quanto à natureza dos pressupostos sociais sobre os quais eles repousam. Explicitaram-se também as relações sociais que geram essas diferentes ordens de significados.

Esse conceito de código restrito e código elaborado, para Bernstein, tem relação aos diferentes grupos sociais com formas distintas de usar a linguagem, a qual se encontra unida a diferentes formas de estruturação social. Para ele, o código restrito está ligado ao uso da linguagem com menor elaboração, mais restrito a contextos específicos e associado a interação social, podendo ser encontrado facilmente na classe trabalhadora. Já o código elaborado é mais abstrato e formal, utilizado em contextos amplos. O que gera uma

> [...] distribuição social desigual, determinada pela classe social... e que a classe social afeta, indiretamente, a classificação e o enquadramento do código elaborado transmitido pela escola, de forma a facilitar e perpetuar sua aquisição desigual. (BERNSTEIN, 1990, p. 167).

Essa desigualdade implica no desenvolvimento da aprendizagem, pois ele considera os códigos elaborados mais adequados para as escolas devido serem:

> [...] meios para se pensar o 'impensável', o 'impossível', porque os significados que eles fazem surgir vão além do espaço, do tempo e do contexto locais e' embutem esses últimos num espaço, num tempo e num contexto transcendentais, estabelecendo uma relação entre o local e o transcendental. (BERNSTEIN, 1990, p. 257).

Associando essa lógica de código restrito e código elaborado, observamos sua relação com o currículo integrado. Este possui como elemento fundamental a integração e interconexão com diferentes campos do conhecimento. Logo, os aprendentes precisam de autonomia e expertise para realizar conexões entre os diferentes conceitos das áreas do saber. No entanto, se os aprendentes estiverem familiarizados somente com o código restrito, que é mais específico e contextualizado, podem ser desafiadoras as conexões generalizadas e abstratas necessárias para um currículo integrado.

Para Lopes e Macedo (2011), Bernstein, analisa essa visão de integração do conhecimento a partir de uma perspectiva estruturalista, da classificação aos limites dos conteúdos, definindo que quanto mais fraca a classificação, maior a interrelação do conhecimento. Segundo Bernstein (1990, p. 77), "Quanto mais fragmentado ou dividido for o ato, mais forte será o enquadramento; quanto menos fragmentado ou dividido for o ato, mais fraco será o enquadramento". Diante disso, observamos que fragmentação de um ato tem relação com a força do enquadramento. Neste sentido, seguindo a lógica de Bernstein, entendemos que enquadramento é a maneira como o conhecimento é estruturado em uma disciplina.

Para Bernstein (1990, p. 219), "as disciplinas ou matérias singulares são, em geral, narcisistas, orientadas para seu próprio desenvolvimento e não para aplicações fora delas mesmas". Apreendemos que o termo narcisista é devido às disciplinas estarem preocupadas principalmente com a expansão de seu próprio corpo de conhecimento, se configurando em um sistema fechado, que valoriza sua própria autonomia, ao invés de se conectarem com outros campos do saber ou propriamente práticas no mundo real. Segundo Lopes e Macedo (2011, p. 139) "permanece em Bernstein a ideia de que o importante é questionar o currículo disciplinar e defender o currículo integrado, em uma contraposição binária que nos parece pouco produtiva para o entendimento do currículo." Mediante a lógica de Bernstein a "integração pressupões minimamente um grau de subordinação das disciplinas a determinados temas gerais e maior controle por parte de professores e alunos no processo de planejamento curricular" (LOPES; MACEDO, 2011, p. 139).

Temos então, que o currículo integrado, não busca deslegitimar a disciplinarização, mas consiste em subordinar as disciplinas a temas mais abrangente e interconectados do conhecimento. Segundo Santomé (1998, p. 6) o:

> [...] currículo pode ser organizado não só em torno de disciplinas, como costuma ser feito, mas de núcleos que ultrapassam os limites das disciplinas, centrados em temas, problemas, tópicos, instituições, períodos históricos, espaços geográficos, grupos humanos, ideias etc.

Sobre o currículo integrado, temos uma proposta curricular que busca fornecer um conhecimento mais significativo e autêntico, combinando diferentes disciplinas em uma experiência de aprendizagem integral e contextualizada. Na concepção de Freire, a contextualização da aprendizagem é relacionar o conhecimento às experiências e à realidade dos aprendentes, discutindo com

> [...] os alunos a realidade concreta a que se deva associar a disciplina cujo conteúdo se ensina, a realidade agressiva em que a violência é a constante e a convivência das pessoas é muito maior com a morte do que com a vida? Por que não estabelecer uma necessária 'intimidade' entre os saberes curriculares fundamentais aos alunos e a experiência social que

> eles têm como indivíduos? Por que não discutir as implicações políticas e ideológicas de um tal descaso dos dominantes pelas áreas pobres da cidade? (FREIRE, 1996, p. 17).

Sabe-se que o fato de incentivar os aprendentes a refletir sobre o contexto social em que vivem é construir um conhecimento transformador e crítico. Para Santomé (1996, p. 150) as práticas curriculares devem desmascarar "as dinâmicas políticas, históricas e semióticas que condicionam nossas interpretações, expectativas e possibilidades de intervir na realidade". Conscientizar os aprendentes sobre as relações de poder na sociedade, é compreender a realidade em que vivemos, por isso os conteúdos curriculares devem ter associação com a realidade dos aprendentes, ter relação com a experiencia social, permitindo uma construção de um conhecimento transformador e crítico.

No currículo integrado, essa noção de fazer o conteúdo dialogar com contexto local e cultural do aprendente ajuda a tornar o conhecimento significativo e conectado com a vida dos aprendentes. O currículo integrado considera "com maior facilidade dimensões éticas, políticas e socioculturais que as visões exclusivamente disciplinares tendem a reeleger a um segundo plano" (Santomé, 1998, p. 7). Essas dimensões têm um impacto expressivo na vida dos sujeitos em fase de escolarização e na sociedade como um todo, e sua compreensão é básica para a formação de cidadãos éticos e críticos. Ao integrar diferentes conhecimentos em um currículo, a ideia é proporcionar aos aprendentes uma visão mais abrangente, permitindo que eles façam conexões entre diferentes conceitos, experiências e habilidades.

Santomé (1998) ressalta que a integração curricular possibilita que os aprendentes compreendam a relação entre os diferentes saberes do currículo e percebem como podem ser utilizados de forma práticas, a fim de tornar a aprendizagem mais significativa e contextualizada. Completa Saviani (2003, p. 98) afirmando que "a fragmentação do conhecimento em disciplinas estanques e a especialização excessiva têm gerado uma formação parcial e descontextualizada dos estu-

CURRICULARIDADE

dantes, o que pode ser superado por meio da interdisciplinaridade e do currículo integrado".

O currículo integrado e a interdisciplinaridade se relacionam proximamente, uma vez que integrar as disciplinas é uma maneira de promoção da interdisciplinaridade na prática. Santomé (1998) afirma que a interdisciplinaridade pode promover a construção de um conhecimento integrado, relacionando diferentes áreas do conhecimento. Assim ocorre a promoção e compreensão crítica da realidade. Vista a possibilidade de explorar de maneira mais abrangente os conteúdos, Saviani (2003, p. 92) afirma que "a interdisciplinaridade não significa simplesmente a junção de conteúdos de diferentes disciplinas, mas a busca de um enfoque global que permita a compreensão dos fenômenos em sua complexidade". Temos que o currículo integrado envolve a articulação de diferentes disciplinas e temas em um único projeto ou atividade, de modo a estimular a conexão entre os conteúdos. Desse modo, o currículo integrado pode se desdobrar na multidisciplinaridade, na interdisciplinaridade e na transdisciplinaridade, conceitos que serão discutidos logo mais.

Multidisciplinaridade, interdisciplinaridade e transdisciplinaridade

Uma das grandes conquistas da humanidade foi o desenvolvimento do conhecimento, pois, observa-se descobertas que influenciam no desenvolvimento da sociedade. Esse conhecimento pode ser preservado por meio dos livros, obras de arte, manuscritos, internet, entre outros. Estes são essenciais para o desenvolvimento da ciência e organização social.

Neste sentido, a escola de educação básica, vem exercer um papel essencial quanto ao resgate desse conhecimento. No entanto, é fundamental que para esse conhecimento chegar ao aprendente sejam estabelecidas interconexões entre os campos dos saberes, permitindo um aprofundamento da compreensão, rompendo com a fragmentação do conhecimento, que se naturalizou nas escolas a partir da disciplinarização, mas para isso é fundamental que sejam adotadas abordagens diferentes que integram os conhecimentos e práticas educacionais no chão da escola. Conforme Santomé (1998), autores como Cesare Scurati, Marcel Boisot, Jean Piaget e Erich Jantsch, categorizaram essas abordagens, porém, dessas categorizações, a mais conhecida é a de Erich Jantsch, que nos traz os seguintes conceitos relacionados às abordagens do currículo integrado: multidisciplinaridade, pluridisciplinaridade, disciplinas cruzadas, interdisciplinaridade e transdisciplinaridade. Esta classificação já havia sido proposta anteriormente, em 1971, e considerava contextos econômicos e sociais.

No entanto, elegemos como principais abordagens a multidisciplinaridade, a interdisciplinaridade e a transdisciplinaridade. Esses termos são utilizados de maneira relacionada, por isso será discutida a diferença entre seus significados nos próximos parágrafos.

A multidisciplinaridade:

> Ocorre quando, para solucionar um problema, busca-se informação e ajuda em várias disciplinas, sem que tal interação contribua para modificá-las ou enriquecê-las. Esta costuma ser a primeira fase da constituição de equipes de trabalho interdisciplinar, porém não implica em que necessariamente seja preciso passar a níveis de maior cooperação. (SANTOMÈ, 2011, p. 70).

Esta abordagem tem raízes em diferentes fontes. Originou-se por influências desde os séculos anteriores até a contemporaneidade, vista a valorização do conhecimento. Atualmente, a multidisciplinaridade recebe incentivo de universidades, centros de pesquisa e organizações, pois, sua importância é reconhecida e ultrapassa limites apenas disciplinares, atingindo outras áreas além da educação.

A multidisciplinaridade aborda várias disciplinas, trabalhando de maneira independente. Cada uma fornece sua contribuição para algum tema ou problema específico, mantendo seus métodos, teorias e abordagens próprios, sem integrarem-se profundamente. Trabalha-

-se com a abordagem do trabalho conjunto dos professores, unindo disciplinas que tratam individualmente de temas comuns, integrando bibliografia, técnicas e procedimentos.

Os especialistas de diferentes áreas trabalham lado a lado, mas suas perspectivas e resultados permanecem separados. A abordagem multidisciplinar trabalha com a comunicação mínima entre as disciplinas, que pode implicar na compreensão global dos aprendentes sobre determinados assuntos, uma vez que, segundo Santomé (1998, p. 71) "os alunos não transferem espontaneamente para o resto das matérias aquilo que aprendem em uma disciplina, nem o utilizam para enfrentar situações reais nas quais esse conhecimento torna-se mais preciso". Diante disso, observa-se a necessidade de serem trabalhados temas significativos, os quais possibilitam que os aprendentes verifiquem o sentido do tema e consiga relacionar com as outras matérias.

Tais temas podem ser estudados e discutidos em variadas disciplinas, para que o aprendente possa compreender mais profundamente. Junto disso, é importante estabelecer diálogo para que haja reflexão crítica dos aprendentes e professores em diferentes áreas de conhecimento. Segundo Freire (1987), pelo diálogo é possível desenvolver a criticidade e a reflexão. Esses diálogos podem ocorrer por meio de debates e discussões entre grupos, promovendo a identificação de conexões entre os conteúdos disciplinares, trocando experiências. Assim, ocorre o estímulo de uma compreensão mais ampla, de forma que os aprendentes possam identificar as interconexões entre disciplinas e a sua relação com o conhecimento na vida real. Segundo Freire, (1987, p. 48), "não há homens sem mundo, sem realidade, o movimento parte das relações homens-mundo." Na abordagem multidisciplinar, deve haver o reconhecimento de que os aprendentes têm vivências individuais e que o aprendizado tem mais significado quando relacionado às experiências de cada um deles.

Essa abordagem não dispensa o conhecimento em disciplinas específicas. Ela complementa e proporciona visão ampliada e contextualizada dos assuntos. A abordagem multidisciplinar pode contribuir para uma educação mais significativa, crítica e emancipatória.

Como desafios, temos que, assim como na abordagem interdisciplinar, as diferenças na linguagem podem dificultar o trabalho multidisciplinar. Também consideramos como problema em comum à interdisciplinaridade, a coordenação dos projetos, a falta de reconhecimento e conflitos e divergências de opinião e linguagem.

A falta de compartilhamento de conhecimentos é outra dificuldade quando os membros, que possuem conhecimentos individuais, são resistentes a compartilharem o que sabem para a obtenção de maior compreensão do problema. Isso acarreta dificuldades em encontrar maneiras de compartilhar e integrar diferentes perspectivas.

Para esta abordagem, consideramos também que as limitações de tempo e prazos são um desafio, pois a multidisciplinaridade pode exigir mais tempo para que as diferentes perspectivas sejam integradas de forma adequada. Em caso de projetos com prazos curtos, a tomada de decisões deve ser rápida, o que pode gerar conflitos e dificuldades.

Com relação à interdisciplinaridade, ela integra conhecimentos para tratar de um problema ou tema comum. Ocorre a colaboração das disciplinas, que compartilham informações em busca da compreensão completa do objeto estudado. Essas disciplinas mantêm sua identidade, porém, quebram a abordagem unidimensional, superando as limitações de uma única disciplina. Brandão (2011, p. 26) trata a "interdisciplinaridade como caminho na interligação de saberes e práticas, articulação fundamental na busca de um conhecimento profundo e ampliado de um trabalho envolvendo a complexidade inerente ao humano".

Vinda de reivindicações políticas, a interdisciplinaridade surgiu pela busca dos que lutavam por uma sociedade mais democrática. Os conflitos entre movimentos sindicais e governo pressupuseram que a ciência havia sido controlada, quando Dewey e Kilpatrick defenderam que as práticas educacionais devessem ser revistas (SANTOMÉ, 1998).

> No Brasil, o conceito de interdisciplinaridade chegou, inicialmente, através do estudo da obra de Georges Gusdorf e, posteriormente, de Piaget. O primeiro autor influenciou o pensamento de Hilton

Japiassu no campo da epistemologia e Ivani Fazenda no campo da educação. (GADOTTI, 1999, p. 3).

Diante da situação educacional anterior às mudanças, o trabalho com a interdisciplinaridade passou a ser um grande avanço, visto que há a "crítica às instituições de ensino que obrigam os alunos a trabalharem com uma excessiva compartimentação da cultura em matérias [...]" (SANTOMÉ 1998, p. 14). Além disso, com conteúdo descontextualizados, não condizentes com as vivências dos estudantes, as disciplinas eram ensinadas isoladamente, o que dificultava a compreensão da realidade.

Assim, temos, por Santomé (1998, p. 62), que "o termo interdisciplinaridade surge ligado à finalidade de corrigir possíveis erros e a esterilidade acarretada por uma ciência excessivamente compartimentada e sem comunicação interdisciplinar". Portanto, pela necessidade de integrar conhecimentos escolares, surgiu a interdisciplinaridade, o que atravessou o ensino tradicional da época com a utilização de disciplinas isoladas. A utilização do termo "interdisciplinaridade" é recente em se tratando de todo o período educacional, porém as discussões a respeito deste conceito passam por diferentes períodos culturais.

No século 20, o conceito passou a ser mais discutido junto do avanço tecnológico e expansão dos conhecimentos científicos, justamente no período em que as demandas atuais não estavam sendo supridas pelo ensino de disciplinas individualmente. Segundo Santomé (1998, p. 65), "a interdisciplinaridade é fundamentalmente um processo e uma filosofia de trabalho que entra em ação na hora de enfrentar os problemas e questões que preocupam em cada sociedade". Essa abordagem admite a pluralidade de fenômenos ou questões sociais reais que não são solucionados com o ensino de uma disciplina isolada, assim, ocorrem as discussões entre especialistas das variadas áreas do ensino em busca de agregarem conhecimentos.

Segundo Lopes e Macedo (2011, p. 124), os conteúdos de algumas propostas curriculares focam nos interesses dos aprendentes, "Esses interesses podem estar vinculados às finalidades da educação progressivista, como em Dewey, ou podem fazer referência à perspectiva crítica aos saberes que sustentam a ordem instituída, como por exemplo, em Paulo Freire". Para Freire (1996, p. 13), "ensinar não é transferir conhecimento, mas criar as possibilidades para a sua produção ou a sua construção". Afinal, "a educação é uma forma de intervenção no mundo" (FREIRE, 1996, p. 51) e para "ensinar certo e bem os conteúdos de minha disciplina, não posso, por outro lado, reduzir minha prática docente ao puro ensino daqueles conteúdos" (FREIRE, 1996, p. 53). Além da educação, acreditamos que a interdisciplinaridade pode ser utilizada em diferentes contextos, como: pesquisas acadêmicas, resolução de problemas sociais, formulação de políticas públicas, buscando pela integração entre as disciplinas de maneira complementar. Diante disso, temos que

> [...] é preciso insistir no papel da negociação entre todas as pessoas que compõem a equipe de trabalho. Elas devem estar dispostas a proporcionar todo tipo de esclarecimentos aos demais integrantes da equipe, a debater questões metodológicas, conceituais e ideológicas. (SANTOMÈ, 1998, p. 65).

Essa abordagem pode ser utilizada também em situações como: problemas como a mudança climática, pobreza, saúde pública, urbanização, desenvolvimento sustentável. Por isso, a interdisciplinaridade está crescendo pelos estudos acadêmicos. Programas institucionais interdisciplinares estão surgindo com o intuito de promover a colaboração entre as variadas disciplinas à fim de sustentar a troca entre pesquisadores. É uma abordagem cada vez mais relevante para problemas sociais contemporâneos.

No entanto, assim como toda abordagem, a interdisciplinaridade também apresenta desafios, como a rigidez de certas tradições acadêmicas. Isso pode acarretar a dificuldade para a promoção da interação e colaboração entre as diferentes áreas. Para trabalhar com a interdisciplinaridade, é necessária comunicação efetiva, respeito mútuo, além da resiliência para enfrentar a incerteza da complexidade (SANTOMÉ, 1998).

Diante disso, Santomé (1998, p. 66) nos traz que "é preciso assumir a complexidade da realidade". Neste sentido, Edgar Morin (2015) propõe a elaboração de uma "lógica da complexidade" capaz de captar o papel da desordem, dos "ruídos" estranhos do antagonismo etc. Apesar dos desafios, a interdisciplinaridade é valorizada, pois muitos dos problemas da sociedade são complexos e para resolvê--los é necessária uma abordagem integrada. Assim, diante do foco principal da abordagem interdisciplinar, é possível promover uma compreensão mais profunda e abrangente dos fenômenos estudados.

Não podemos encarar a abordagem como algo completo e pronto, uma vez que seu objetivo nunca é alcançado por completo, devendo ser constantemente buscado, visto que não se trata apenas de uma teoria, mas também da prática (SANTOMÉ, 1998). Observamos que alguns entraves que podem atrapalhar os processos interdisciplinares são a segregação inflexível, rígida e endurecida de algumas disciplinas escolares e a evidente lacuna entre a pesquisa acadêmica e suas efetivas aplicações.

A interdisciplinaridade visa um contexto amplo, em que as disciplinas escolares, em conversação, rompem com as fronteiras e limites e passam a se conectar claramente entre si (SANTOMÉ, 1998). Quando bem trabalhada, a interdisciplinaridade como trabalho coletivo possibilita resultados de soluções completas e inovadoras diante de situações variadas.

Enfim, com a abordagem interdisciplinar coletiva, é possível desenvolver o aprendizado e o desenvolvimento profissional dos integrantes deste trabalho. Ao se envolverem em colaborações interdisciplinares, há a oportunidade de expansão de conhecimentos, adquirindo novas habilidades, bem como trabalhar a flexibilidade e adaptação ao mundo constantemente se transformando.

Santomé nos alerta sobre o romantismo que gira em torno da interdisciplinaridade. Para o autor, às vezes pensamos ser suficiente rotular algo como interdisciplinar para que todos comecem a trabalhar em equipe, partilhando metodologias, perspectivas e conceitos. Porém, não é desta forma que ocorre na realidade. "Por trás das experiências interdisciplinares estão as ameaças e vaivéns das peculiaridades e da história de cada pessoa que compõe essa equipe" (SANTOMÉ, 1998, p. 76).

Diante disso, destacamos o que acreditamos ser possíveis dificuldades no desenvolvimento do trabalho interdisciplinar:

– A resistência às mudanças, uma vez que esta abordagem envolve questionamentos sobre as disciplinas para o desenvolvimento de uma nova forma de pensar. Diante disso, pode haver resistência dos envolvidos que estão acostumados à tradição do trabalho disciplinar.

– A falta de reconhecimento, pois, a abordagem interdisciplinar pode não ser reconhecida da mesma forma que a abordagem disciplinar. Com isso, a falta de incentivos suficientes pode gerar a desistência do trabalho interdisciplinar, retomando o foco no ensino tradicional.

– As diferenças na linguagem, com as especificidades que cada disciplina possui pode ser um desafio à comunicação e compreensão de ideias. A falta de familiaridade com a linguagem de outras áreas pode ser conflituosa e trabalhosa para quem se insere na proposta do trabalho interdisciplinar.

– O excesso de informações, pois integrar conhecimentos diferentes gera grande quantidade de informações, e lidar com essa sobrecarga advinda da integração entre as disciplinas pode gerar dificuldades e desafios nas resoluções de questões interdisciplinares. As barreiras estruturais enrijecidas de diferentes departamentos podem ser uma dificuldade, ou até mesmo um empecilho ao desenvolvimento interdisciplinar de determinadas propostas. Dentre essas barreiras, incluem-se competição entre diferentes disciplinas e falta de flexibilidade e disponibilidade ao trabalho.

– A colaboração entre profissionais de diferentes áreas exige que a coordenação mantenha cuidado em alinhar objetivos e verificar que toda a equipe esteja trabalhando com foco a um objetivo comum, isso é um desafio, pois o trabalho é realizado com diferentes pessoas com diferentes pensamentos.

CURRICULARIDADE

Jean Piaget hierarquiza a integração entre as disciplinas colocando a multidisciplinaridade no nível mais baixo, a interdisciplinaridade no segundo nível e a transdisciplinaridade como o mais alto nível de integração (SANTOMÉ, 1998).

Agora, direcionando as discussões à abordagem transdisciplinar, temos que a transdisciplinaridade é uma abordagem que teve origem no século 20, baseando em trabalhos de Piaget e Morin. Mesmo que tenha influências intelectuais de diferentes tradições, o conceito normalmente é associado aos autores citados. A abordagem transdisciplinar busca por uma abordagem mais integradora que ultrapassa a colaboração das disciplinas individuais. Transcende os métodos isolados e cria um nível de conhecimento não alcançável por uma única disciplina. O foco é determinar soluções para além das disciplinas envolvidas, buscando compreensões globais (SANTOMÉ, 1998).

A crescente demanda de soluções de problemas contemporâneos contribuiu para o impulso ao surgimento da transdisciplinaridade. A abordagem recebeu influências da Filosofia, Cultura, Ciência e, ao passar dos anos, se desenvolveu em busca de integração disciplinar efetiva e holística. Santomé afirma que a finalidade da transdisciplinaridade é construir "modelos utilizáveis e transferíveis entre as diversas disciplinas, evitando ao mesmo tempo a perda de esforços na repetição e o fato de que cada disciplina tenha de dedicar muito tempo a trabalhos já efetuados por outras matérias." (SANTOMÉ,1998, p. 75)

A transdisciplinaridade sobressai à multidisciplinaridade na classificação de Jantsch, mostrada anteriormente. Esta abordagem busca ultrapassar as fronteiras das disciplinas curriculares. A multidisciplinaridade trabalha com a colaboração entre diferentes disciplinas, enquanto a transdisciplinaridade busca por compreensão holística do conhecimento (JANTSCH, 1979 *apud* SANTOMÉ, 1998).

Santomé (1998) nos diz que Edgar Morin vislumbrava a unicidade da ciência, porém reconhecia que pela tradição curricular da época, seria impossível e incompreensível esta unidade. Diante disso, seria possível estabelecer e unificação científica quando a diversidade e todas as mudanças sociais fossem acolhidas.

> Existe uma notável coincidência entre aqueles que se dedicam a refletir sobre o fato de que, nestes temas, ainda não possuímos nenhum modelo de trans-disciplinaridade suficientemente elaborado e que tenha atingido uma etapa ótima de desenvolvimento. (SANTOMÉ, 1998, p. 75).

Devemos reconhecer, então, a necessidade de aprofundamento de estudos e estratégias que possam criar programas transdisciplinares que atuem de maneira efetiva, atingindo o pleno desenvolvimento.

Nesses casos, a transdisciplinaridade possibilita a exploração de novas perspectivas, com integração de conhecimentos e métodos diferentes. Assim, reconhecemos que problemas sociais complexos não são compreendidos com a atuação de uma única disciplina. Ao estabelecer união entre diferentes especialidades, há maior aproveitamento dos conhecimentos específicos, na criação de um elo que pode gerar aprendizados com significativos avanços.

Como desafios da transdisciplinaridade, temos em comum às outras abordagens a falta ou dificuldade de comunicação, citada nas abordagens interdisciplinar e multidisciplinar, pois, a transdisciplinaridade não possui linguagem única com diferentes terminologias, o que pode dificultar a comunicação eficaz. Trazemos também a dificuldade de cooperação entre os integrantes da equipe, a resistência às mudanças de alguns participantes e a falta de tempo e recursos necessários à execução do trabalho transdisciplinar, uma vez que a demanda por trabalhos rápidos é frequente.

Os profissionais resistentes à interdisciplinaridade também geram dificuldades na realização do trabalho transdisciplinar, pois, a transdisciplinaridade ultrapassa a interdisciplinaridade e busca integrar aspectos não acadêmicos para superar os limites das disciplinas. Acreditamos que essa abordagem pode encontrar resistência dos profissionais que são mais tradicionais em sua forma de pensar e realizar seu trabalho.

Apesar de todas as dificuldades citadas em cada uma das abordagens descritas anteriormente, partimos da concepção que, ao desenvolver atividades interdisciplinares, multidisciplinares ou transdisciplinares, é possível ultrapassar qualquer barreira do ensino tradicional em busca de um conhecimento que rompa com a fragmentação que as disciplinas estabelecem.

Referências

BERNSTEIN, Basil. **A estruturação do discurso pedagógico**: classe, códigos e controle. Tradução de Tomaz Tadeu da Silva e Luís Fernando Gonçalves Pereira. Volume IV da edição inglesa. Rio de Janeiro: Editora Vozes, 1990.

BRANDÃO, Vera Maria Antonieta Tordino. **Projeto de Formação Continuada e Pesquisa Interdisciplinar: memória autobiográfica, envelhecimento e espiritualidade.** Interdisciplinaridade, São Paulo, v.1, n. 1, out. 2011.

DEWEY, John. **Experiência e Educação**. Tradução de Anísio Teixeira. 3. ed. São Paulo: Companhia Editora Nacional. 1979.

FREIRE, Paulo. **Pedagogia do oprimido.** Rio de Janeiro: Editora Paz e Terra. 1987.

FREIRE, Paulo. **Pedagogia da autonomia**. 25. ed. São Paulo: Editora Paz e Terra. 1996.

GADOTTI, Moacir. **Interdisciplinaridade** – atitude e método. Instituto Paulo Freire, Universidade de São Paulo. 1999.

LOPES, Alice Casimiro; MACEDO, Elizabeth. **Teorias De Currículo.** 1. ed. São Paulo: Cortez Editora. 2011.

MOTA, Karla Rodrigues; ARAÚJO, Cláudia Helena dos Santos. Totalidade ou fragmentação? A apresentação da realidade no currículo integrado do instituto federal de goiás. **Revista e-Curriculum**, São Paulo, v. 19, n. 2. abr./jun. 2021.

MORIN, Edgar. **Introdução ao pensamento complexo**. Tradução de Eliane Lisboa. 5. ed. Porto Alegre: Sulina, 2015.

SANTOMÉ, Jurjo Torres. **Globalização e interdisciplinaridade**: o currículo integrado. Tradução de Claudia Schilling. Porto Alegre: Editora Artes Médicas, 1998.

SAVIANI, Dermeval. **Pedagogia histórico-crítica**: primeiras aproximações. 9. ed. Campinas: Autores Associados, 2003.

CURRÍCULO MANDÁLICO OU UM CURRÍCULO PELAS INFÂNCIAS: UM ENSAIO SOBRE GIRAS POSSÍVEIS, FECUNDADAS EM EDUCAÇÕES TRANSGRESSORAS

Livia Maria Neves Bentes

Ensaiando dizeres...

Este escrito ensaia alguns dizeres que vêm sendo maturados no curso do tempo. No mundo acadêmico os ensaios apresentam uma liberdade mais ampla na estrutura dos textos e na apresentação de seus contextos, que ainda estão flutuando em ideias, compreensões, concepções, mas precisam ancorar suas vistas em pontos para dali partir por um caminho de compreensões mais sólidas ou profundas...

Aqui assumo um compromisso dialógico e reflexivo de expor alguns construtos em processo de desenvolvimento no campo educacional, que bordam linhas sinuosas sobre perspectivas curriculares "com" e "pelas" infâncias, a partir do que chamo de currículo mandálico. Por ser um ensaio, em aberto, inacabado... Permito-me abraçar o ser errante e aprendente que tece essas linhas para que o leitor, assim como eu, se preencha da magia que o incerto, a dúvida e o caos provocam, para que possibilidades outras se expandam.

Principiando...

Currículo é o curso, o percurso, a linha que ruma os sentidos na/da escola, foi de pronto com o que me deparei nas primeiras incursões nos estudos curriculares. E se o currículo é curso, ato ou efeito de correr, é, portanto, aquilo que se move, é movimento, é fluxo e por ser fluxo, pode ser fluido e fluidos não se fecham em grades ou matrizes lineares. Caçam liberdade... Transitam maleáveis, macios, por entre as durezas dos trilhos. Melhor, preferem ser trilhas a estradas. Estradas são pavimentadas, diria até que são desencantadas, pois desconhecem o brilho da incerteza, do mistério, sabem de seus começos e fins. Trilhas são desbravamentos, descobertas vivas, inacabadas, de si e das paisagens.

Este ensaio sobre currículo mandálico, ou um currículo pelas infâncias, é um jeito de caçar liberdade para pensar educações que ousem transgredir lógicas hegemônicas de ser e estar no mundo. Aqui me arrisco a rascunhar pequenas fagulhas nascidas do que chamo de uma cuíra pedagógica, uma cisma que inquieta e mobiliza em direção à cocriação de territórios educativos que se comprometam com a manutenção da vida, de todas as vidas, de cada existência planetária.

Pinçar as infâncias como um ponto de acupuntura capaz de estimular o fluxo energético para nossos sistemas sociais (aqui a escola é um deles) e naturais, abriga a compreensão de que nas infâncias encontramos o princípio da vida, não apenas como gênese, mas como sabedoria regente. Uma sabedoria que ao pulsar em relações saudáveis e potentes inaugura novos e outros possíveis para a passagem humana na terra, descolada das dinâmicas utilitaristas, capitais, destruidoras e colapsadas que temos produzido.

Nas linhas que seguem este ensaio, o currículo escolar em forma de mandala apresenta-se como uma construção imagética de uma possível organização curricular que se movimenta em circularidade real, em espiral pulsante no cotidiano, na linguagem, no pensamento, nos gestos. Conceber o currículo em estrutura mandálica é invocar a natureza cíclica da vida, que se movimenta em ritmos de contração e expansão, hoje adormecida, amortecida, perdida de seu encanto, desbotada em lógicas retilíneas e verticais.

Tomo aqui como mote de atenção e elaboração o currículo escolar como criador e criatura das infâncias. Atenho-me, portanto, ao microcosmo dos territórios educativos na tessitura das teias dialógicas que se estabelecem entre os saberes circulados e cruzados e, portanto, cocriados e vividos entre os seres da gira curricular.

Estes escritos são multirreferenciados, mergulham em leituras de mundo ecológicas e biocêntricas, nas culturas regenerativas, sistêmicas, complexas, agrofloresteiras, brincantes, decoloniais, ancestrais... Pretas, caboclas, indígenas. Rouba aqui, toma emprestado acolá... Preceitos, termos, verbos. Realiza cruzos/cruzamentos. Bricola, mistura-se. E no meio dessa miscelânea, não pretende se esgotar, nem tampouco encontrar respostas. Sustenta-se da força vital das perguntas e dos inícios.

O currículo entre o que vem sendo e o porvir

Para compreender o que, como e para quem o currículo vem sendo no âmbito escolar e quais são as suas possibilidades dentro de configurações outras, considero importante observar as linhas sinuosas da história, debruçando-nos sobre as narrativas que contam a trajetória da escolarização no Brasil a partir das vozes silenciadas, que passaram por processos de expropriação, marcadas no corpo em dor, mas também em resistência...

O ego dominador europeu, que se expandiu no século 15 da chamada "era moderna" aportou suas caravelas colonizadoras na extensão da América Latina, invadindo fronteiras, apropriando-se de territórios, dizimando culturas, matando corpos e suprimindo mundos inteiros de comunidades nativas. No Brasil, o processo de escolarização realizado por meio da catequese, da educação jesuítica, das intervenções militares configurou-se como um dos carregos mais contundentes e pesados da colonização, por estar a serviço da engenharia monocultural que impingiu a agenda curricular de um Estado colonial brutalmente instaurado em terras pindorâmicas (RUFINO, 2021).

A educação colonial no Brasil seguiu um contínuo que nasceu no colonialismo eurocentrado, fundado na lógica de dominação e aculturação do Outro, firmou-se na mentalidade de um projeto moderno-ocidental iluminista, racional, rígido, científico, ganhando nodos instrumentais e mecanicistas com o capitalismo industrial, avançando no tempo hodierno, absorvida pelas ideias de eficiência, competitividade, foco no desempenho/resultado e meritocracia do capitalismo financeiro contemporâneo "euro/norteamericanocentrado", que, por sua vez, sustenta-se no fenômeno da colonialidade, termo cunhado por Quijano (1998) para denunciar os padrões do poder colonial que incidem na atualidade nas esferas do poder, do saber e do ser.

Foi no período de fortalecimento e imbricamento do capitalismo industrial e financeiro que o currículo ganhou centralidade no âmbito escolar e foco investigativo no que tange a produção teórico-científica do campo (ver Thomaz Tadeu Silva, 2015). No bojo da escolarização de massas, o currículo imprimiu desenhos engendrados em um enredo de narrativa única. Uma história contada por/em diferentes fragmentos, mas com a mesma intencionalidade e funcionalidade operada para a desvalidação e o esquecimento.

No campo do pensamento educacional, teorias denominadas tradicionais, críticas e pós-críticas, dentro da categorização cunhada por Silva (2015), se dedicaram a realizar elaborações sobre as concepções, os conteúdos, os métodos, os tempos e espaços, as temáticas e problemáticas; interpelaram as formas, os impactos, as intencionalidades, as funções sociais, as narrativas, as relações de poder; lançaram luz sobre os sujeitos e suas identidades e corpos, os saberes, as culturas, as leis e normas, realizando — entre plurivisões, enfrentamentos e integrações — sínteses fundamentais para compreender que o currículo se corporifica em um território em constante disputa, permeado por uma complexidade relacional em esferas macro e micro políticas.

Salvaguardando suas contribuições e integrando seus construtos, diálogo com Cavalcante e Góis (2019) quando, ao analisarem o conjunto das teorias educacionais, discorrem que embora muitos pensamentos educacionais sejam de grande relevância para a educação das infâncias, parte significativa dessa amálgama teórica permanece inserida em um viés antropocêntrico. Nas palavras dos autores: "falta neles o que chamamos de 'princípio de vida maior'"

CURRICULARIDADE

(CAVALCANTE; GÓIS, 2016, p. 16), que acontece para além do desenvolvimento intelectual, moral, social e cultural, entendendo "a aprendizagem humana como um processo permanente antes da escola, nela e muito além dela" (CAVALCANTE; GÓIS, 2016, p. 17).

No campo dos estudos curriculares, considero que esse contexto é similar. Apesar de muitas teorias, principalmente as pós-críticas, realizarem interpelações contundentes aos currículos subservientes ao capital, às dinâmicas modeladoras e supressoras de identidades, às feituras racionalistas e cientificistas em chão de escola, às logicas hegemônicas, universalizadas e desiguais, às formas de pensar e viver a educação, de modo geral e as infâncias, de forma específica, seguem sem provocar rupturas contundentes com o paradigma antropocêntrico. Sem contestar a centralidade do ser humano no universo de todas as coisas, como se a nós restasse apenas compreender e desenvolver o que nos cabe no latifúndio da vida humana, de nossas relações socioculturais, em detrimento de discussões e ações que consideram outros seres vivos como substâncias elementares do (eco) sistema e cerne de nossos esforços, atenção, cuidado, respeito e luta.

Dentro dos construtos teóricos emergentes, encontro no cruzo da decolonialidade com os pensamentos biocêntricos, complexos, sistêmicos, regenerativos e brincantes um caminho possível para elaborações (das educações e, portanto, curriculares) que, ao mesmo tempo em que denunciam a lógica colapsada do capitalismo e a manutenção opressora dos regimes da colonialidade em esferas macro e micro da vida escolar — aqui direcionadas às infâncias — também germinam uma escuta ativa e vigorosa dos saberes ancestrais indígenas e africanos (em diáspora), da filosofia negra, dos conhecimentos caboclos, das sabedorias das florestas, dos bichos, dos rios, dos seres que habitavam os territórios pré-caravelas, pré-invasões, pré-Brasil.

Há neste ensaio, ainda em devaneios, uma busca por construtos que dialoguem com o corpo que no mesmo movimento que se esquiva, golpeia (RUFINO, 2019). Há, portanto, uma necessidade de encontro; uma necessidade de embebecimento em fontes que falam sobre um porvir, que na verdade já é, que nunca deixou de ser, que caça liberdade, linhas de fuga, frestas, gingas; que transborda uma necessidade de pisar suavemente na terra, como nos convoca Ailton Krenak (2022). Uma necessidade de percorrer o chão de caminhos que, segundo Rufino (2021), já estavam abertos, nós é que não enxergávamos.

Dialogando com Krenak (2022, s/p), que nos diz: "o futuro é ancestral, ele é tudo o que já existiu. Ele não é o que está lá, em algum lugar, ele é o que está aqui" e com Rufino (2019, p. 62) que nos alerta que "o termo 'chão de escola' [...] pode nos dizer algo a mais, como a emergência de uma escuta sensível dos nossos solos. Um chão da escola que nos convida a reconhecermos nossa relação e responsabilidade com o todo", reflito que já passamos do tempo de deixarmos de ser o que temos sido, operados na órbita da superficialidade, do concreto, do individual, e assumirmos a face do que fomos destinados a ser, de assumirmos a profundeza do solo de onde viemos, porque é dele que nos é concedida a vida, de encravarmos em suas entranhas, não para consumi-lo ou dragá-lo, mas para dele nutrir-se, enraizando a natureza de ser vivo, pois encarnados somos em espécie humana.

Seria possível, assim, plantar escolas desemparedadas, bem vividas, sustentáveis e sustentadas pelo brilho da "bem querência", do corpo como território da alegria, da aprendizagem experimentada em trânsitos, cruzamentos e atravessamentos vividos em biointerações? Seria possível invocar a mata como escola e o encantamento como pedagogia? Seria possível brotar uma escola mais que humana, visto que somente o humano não comporta a grandeza e a força do vir a ser? (RUFINO, 2021)

Para sermos com a força e a certeza de quem quer ser outra coisa, para provocar não apenas rupturas mais (re)conexões — visíveis e invisíveis — entre seres, entre vidas, é preciso uma mudança sistêmica, ou melhor, (eco)sistêmica. Se o colapso é sistêmico a solução não pode estar fora do sistema. Uma vez que habitamos o corpo da Terra, dela somos paridos e para ela retornaremos, a solução para o colapso linear (que segue reto em direção à autodestruição) é cíclico, circular, mandálico.

CURRICULARIDADE

O regime de esquecimento e a circularidade da vida

> [...] a educação que praticamos no modelo dominante de ensino escolar nos leva a rever as nossas noções de humanidade? (SIMAS; RUFINO, 2019, p. 31).

Rever as nossas noções de humanidade é urgente! As concepções de ser e estar no mundo que vêm guiando a passagem dos seres humanos pela Terra têm produzido a falsa ideia de que somos fragmentos, migalhas de algo não enredado que caminha num tempo-espaço linear e disjuntivo. Têm fadado todos os seres a uma vida utilitarista dentro de um sistema perverso com tudo o que é humano e não humano, no qual pessoas são úteis enquanto produzem, coisas são úteis enquanto nos servem e a natureza é vista como recurso à modos exploratórios. "A superexploração, o hiperconsumo e o desperdício são os motores desse sistema, que exige crescimento infinito de um planeta finito" (SOLÓN, 2019, p. 14).

A crise sistêmica que vivemos, com o planeta inteiro entrando em colapso ambiental, social, político e econômico, tem em sua raiz um projeto dito de desenvolvimento e progresso que opera na lógica da escassez e da morte (SIMAS; RUFINO, 2019). No entanto, ainda que este colapso já tenha gerado danos irreversíveis a milhares de vidas extintas (humanas e não humanas) e outras tantas que seguem em risco, nas frestas de alternativas e concepções outras de ser e estar, encontram-se caminhos para adiar o fim do mundo (KRENAK, 2019).

Para desbravar esses caminhos é fundamental emergir uma outra consciência coletiva. Há necessidade de uma mudança paradigmática. Uma mudança de visão, de cosmovisão, de postura, de relação entre seres, que habita na assunção definitiva e inegociável de que a vida é uma integralidade sistêmica, interconectada, de que somos parte de um organismo vivo, pulsante; de que somos esse próprio organismo, à medida que nos constituímos dele. Este organismo incorpora tudo o que habita o planeta Terra, em todas as suas formas e, cada forma, por sua vez, tem um papel essencial na manutenção da vida. Assim, vivemos enredados em uma teia vital e a ação de cada nodo dessa grande rede reverbera nos demais, seja ela uma ação criadora ou destrutiva.

Compreender a natureza interdependente das vidas planetárias é abraçar aquilo que é o princípio estruturante da manutenção das existências, a interdependência entre seres, ou seja, a circularidade da vida. Almeida (2022, p. 1) nos lembra que:

> A existência viva, seja ela qual for, demanda, essencialmente, do existir de outro ser vivente. Existir pressupõe estabelecer relações que derivam outras existências. Um fio emaranhado onde se molda uma complexidade viva: não há dentro e não há fora; há apenas relações.

Capra (2006) expõe que todos os sistemas vivos são dotados de um padrão de organização característico, que são os "arranjos em rede". O autor afirma que as redes são o padrão geral da vida e a primeira propriedade dessa organização é a não linearidade, a comunicação ativa e complexa que se estende em caminhos cíclicos, constantemente realimentados pelo próprio sistema. Na visão do pensamento complexo proposto por Edgar Morin (2008), dentro de um ciclo, os organismos são produtos e produtores de ações, que também promovem reações, formando círculos recursivos.

Para o pensador indígena Kaká Werá, dentro dos princípios de Tekohá (bem-viver), a circularidade é nossa conexão máxima com a manutenção da vida, posto que tudo aquilo que morre, morre no seu tempo e torna-se alimento, nutrição, em um ciclo respeitoso e virtuoso, que não cessa em suas conexões. Adilbênia Machado, estudiosa da filosofia africana, discorre em seus escritos sobre a origem humana circular, banhada no círculo uterino, sobre a circularidade manifesta em nossos corpos humanos. Expressa que o círculo carrega a representação das comunidades africanas por apresentarem como confluência a gira, o xiré, a casa de seus oráculos, ifás (locais de sabenças). Em Machado (2014, p. 99), a autora transcreve as palavras de professor Eduardo Oliveira, estudioso da história e cultura africanas e da Filosofia da Ancestralidade, que traduz o poder do círculo para as culturas africanas:

> [...] esse desenho é esteticamente a representação da comunidade africana, praticamente para todos aqueles povos que eu coloquei a grande referência de organização é a circularidade, é a esfera, é o xiré, é a roda, é a gira, é a casa redonda, é o universo sempre representado como alguma coisa redonda, só que esse redondo também pode ser uma espiral, sem ser um círculo fechado, pode ser um círculo aberto. Esse oráculo fala no círculo porque no círculo não há excluído.

Em Machado (2020), a autora afirma que uma das características da circularidade está na integração, na horizontalidade, na ligação, na relação que parte do princípio de que tudo o que entra no interior de um círculo passa a compô-lo em relação, uma relação manifesta em roda — um, substância do outro.

Seguindo este caminho, diálogo com Antônio Bispo dos Santos, que evoca nossa capacidade vivente de "seres compartilhantes". Santos (2023) expõe que, ao realizarmos trocas, como é feito no sistema colonial-capitalista, estabelecemos uma comunicação de "ir e vir", uma linha reta; assume-se uma relação de refluência, linear e, portanto, supressora de vínculos. Diferente de organizações comunitárias contracoloniais e resistentes — como os quilombos enraizados pelo Brasil —, que assumem sua capacidade de confluência e transfluência seguindo a sabedoria das águas. Assim escreve Antônio Bispo (2023, p. 50-51):

> A água não reflui, ela transflui e, por transfluir, chega ao lugar de onde partiu na circularidade. Ou seja, ela vai na correnteza, encontra outras águas, fortalece-se na correnteza, mas ao mesmo tempo evapora, percorre outro espaço, em forma de nuvem, chove. A chuva vai para outros lados, mas também volta para as nascentes [...] Elas não vêm pelo mesmo percurso, caminho ou curso. Elas vêm na circularidade. Transfluem e confluem, mas não refluem [...]

> A refluência só existe na linearidade. Quando não há circularidade, você vai ter que voltar por onde foi. Na transfluência não há volta, porque ela é circular. Ao mesmo tempo que algo vai, fica; vai - sem se desconectar.

Se não há vida fora das relações, se a relação é o aspecto inerente da natureza cíclica e dos fluxos de tudo o que é vivo, por que nos desatamos dos vínculos que fazem a gira vital se movimentar de maneira orgânica, sistêmica, complexa, confluente e transfluente? A razão óbvia está na forma como a "colonialidade-capital" vem operando meticulosamente dentro de um regime de esquecimento estrutural que agride todas as dimensões humanas (na esfera micro e macro) e não humanas, por consequência.

Esquecemo-nos dos ciclos quando passamos a consumir alimentos fabricadas em galpões e linhas de montagem e não aqueles germinados no solo da grande mãe Terra, que entrega o suficiente para manter o corpo físico humano saudável. Quando monoculturamos a terra, desrespeitamos a sazonalidade e rasgamos as florestas e solos, matamos animais para saciar desejos e não para atender nossa subsistência. Esquecemo-nos dos ciclos quando deixamos de honrar a passagem do tempo pelo corpo-existência e nos injetamos toxinas artificiais para apagar as linhas da expressão da vida passando poeticamente por nós.

Esquecemo-nos dos ciclos quando deixamos de viver em comunidades, de nos organizar em grandes rodas e passamos a erguer arranha-céus, vivendo edificados, verticalizados em caixinhas, pisando uns nas cabeças dos outros em apartamentos que nos apertam e nos apartam da partilha coletiva, dentro de uma das manifestações prementes do capitalismo: os edifícios. Esquecemo-nos dos ciclos quando deixamos de morrer por nossa própria natureza e passamos a matar em diferentes formas de guerra, por ganância, vaidade, ambição. Quando desencantamos nossos corpos viventes. "O contrário da vida não é a morte, mas o desencanto" (SIMAS; RUFINO, 2019, p. 5).

CURRICULARIDADE

Esquecemo-nos dos ciclos, quando emparedamos nossas crianças em ambientes erguidos em concretos, quando acimentamos sua relação orgânica e biofílica com a sabedoria que é a natureza, em cidades cinzas, que não alcançam a liberdade do corpo das infâncias. Quando encarceramos nossas crianças nas grades de currículos escolares antropocêntricos, urbanocêntricos e adultocêntricos, comprometidos bem mais com os conteúdos dos programas escolares do que com as experiências do corpo-território brincante, curioso, fértil e corajoso da criança.

Operados pelo esquecimento marcado pelo incrustamento de uma narrativa única, hegemônica-opressora, pelo silenciamento de nossas histórias pré-Brasil e pela negação de nossa natureza humana que também é bicho, terra, água, fogo, ar, rocha, fungo, que se cruza, que conflui e transflui entre tempo e espaço, entre o vivo e o não vivo, porque compomos em rede o (eco)sistema planetário, temos represado o que para Daniel Munduruku (2019) há de mais potente na gira das infâncias: o pensamento circular ancestral. Nas palavras do autor:

> [...] a criança tem um pensamento circular ancestral. Dentro dela estão as lembranças que carrega consigo e que resumem a história de toda a sua gente [...] todos nós trazemos escritas em nossos corpos as histórias de outra gente que nos antecedeu. O que quero dizer é que o pensamento circular da criança permite que ela visualize pontos na história narrada que se encontram invisíveis aos olhos do contador, pois o contador está sob a lógica da linearidade. Quem conta a história não consegue compreender que a fala precisa dar muitas voltas para que o espírito encontre sentido (MUNDURUKU, 2019, p. 29).

Daniel Munduruku alerta em seus escritos que a escola tem sido um lugar onde o pensamento circular da criança é corrompido. Ao se propor a encaixar as crianças no que chama de "forma cultural", intencionando torná-las todas iguais, a escola passa a distanciar as crianças da circularidade da vida, da noção de tecitura vital na qual todos os corpos viventes e não viventes estão vinculados. Munduruku (2019, p. 29) lança:

> É na escola que ela vai começar a distanciar o seu eu do ser do mundo. É onde vai abandonar sua compreensão real dos sentidos da existência. A escola lhe oferecerá, em troca, um futuro linear, todo planejado, todo certo, todo pensado, todo preparado. Oferecerá prazeres materiais em troca de sua circularidade.

Se a escola, enquanto instituição social, tem sido isso ou aquilo, ela também pode ser tantas coisas mais. Se a escola moderna-ocidental-colonial-capitalista tem operado seus fazeres em uma lógica linear-reprodutivista-opressora-silenciadora, se o regime do esquecimento impregnou tantos corpos, sigamos, então, as curvas das reentrâncias dos rios, batuquemos atabaques, entoemos benzimentos e rezos, escutemos os maracás dos tuxauas, as guianças dos ifás para invocar nossas memórias ancestrais para encantar a escola e pintá-la em urucum e jenipapo outras educações.

Educações no plural, pluriversais, que giram com/entre/pelas infâncias, corporificando vida e abrindo caminhos. É tempo de preencher o corpo de memórias para combater o vazio do esquecimento, como nos convoca Ailton Krenak! Façamos da escola uma invencionice desobediente, brincante, decolonial e contracolonial, um território de solo fértil, para fecundar o que não pode brotar do cimento, nem das notas de papel.

O currículo mandálico e a gira das infâncias

Na Natureza não há tempo apressado ou lento, há ciclos que têm sua maneira de ser e acontecer, há o que Antônio Bispo (2023) descreve como começo-meio-começo, nada se perde, a morte tem um sentido transfluente, de continuidade. Não há nada fora daquilo que circula no tempo e no espaço, nem mais, nem menos. Não há dominação ou exploração de um ser pelo outro, há uma dinâmica de equilíbrio "vivente" e não de desigualdade entre sobreviventes. Não há excedente, há o suficiente.

Ao produzir um regime antropocêntrico, baseado na máxima de que o ser humano está em condição dominante em relação aos demais seres viventes do planeta, grande parte da humanidade deslocou o sentido de que a centralidade da existência não habita apenas o ser humano, mas, sim, todos os sistemas vivos. Isso faz com que o humano esteja no topo de uma cadeia imaginária, existente apenas na ilusão egóica de que tudo ao redor deve estar subordinado a ele.

No espaço tempo da vida na Terra, o humano é o único ser que não opera seu funcionamento para a manutenção da vida, mas para a autodestruição. É o único vivente na Terra que funciona para ter, adquirir, comprar, consumir coisas e não para manter o ciclo de vida planetário ativo e em equilíbrio. Nesse refluir antropocêntrico, passamos a negar o tempo presente e a projetar um futuro humano que "deve" possuir, deter, acumular. Geralmente, o auge dessa acumulação se dá na fase adulta, é lá, nesta etapa da vida humana — reflexo da segmentação da passagem de nossas vidas pela Terra — que habita o sucesso, o poder, o vir a ser desejado.

A vida humana, neste sentido, torna-se uma constante projeção ou preparação para a fase adulta, marcada pela acumulação capital, por uma lógica produtivista que acelera os tempos, que cria atmosferas de competitividade e eficientismo. Ao produzirmos uma experiência humana fragmentada em etapas ou escalas, centrada no adulto, as infâncias e outras fases são menorizadas. Segundo Marcolino (2023), a constituição sócio-histórica da infância pode ser traduzida na própria etimologia da palavra derivada do latim *infans*: aquele que não fala, o que demarca um lugar de subjugação, abstração e objetificação da criança em um mundo adultocêntrico.

Vásquez (2013) aponta que o poder centrado no adulto está presente tanto no campo dos saberes quanto em uma série de práticas sociais que se manifestam em todas as dimensões consideradas responsáveis pela passagem de uma criança pela vida: família, escola, políticas públicas, sistemas de saúde. Há no adultocentrismo mecanismos criados para justificar seu poder social em relação às crianças e que consideram a infância como uma fase primitiva, em processo de maturação, incapaz de sobreviver sem outra vida adulta e, portanto, dependente. Uma dependência marcada pela subjugação.

De fato, todas as infâncias apresentam necessidades específicas que interdependem dos esforços adultos para serem garantidas. A sabedoria africana diz que "é preciso uma vila inteira para educar uma criança", dialogando com este provérbio, o escritor Pedro Barros Fonseca (2022) reflete que é fundamental olhar para estes dizeres a partir de uma outra vista, uma vez que uma vila só existe e se perpetua se são habitadas pelas infâncias, portanto "é preciso uma criança para que a uma vila cresça e floresça. Uma vila sem crianças já está fadada à extinção" (FONSECA, 2022, s/p). Essa reflexão desvela a noção interrelacional, sistêmica e complexa que há na passagem de uma criança pelo solo da Mãe Terra, provocando uma ruptura com o refluir de que a vida de uma criança só cabe em via única.

Voltando o olhar para o território da escola, invoco os saberes de Antônio Bispo (2023) que dizem sobre a capacidade de confluência e transfluência dos corpos viventes para esboçar um currículo mandálico, rodado e emaranhado com as infâncias e pelas infâncias. Na gira do currículo mandálico, as infâncias aparecem como o núcleo de um pulsar que não assume a centralidade no sentido daquilo que é maior em relação a algo, mas como uma força de vida em uma relação "com" outros viveres, como força motriz que se vincula e se move em diversas dimensões e, por isso, também é caminho(s). Isso quer dizer que as infâncias, no plural, se constituem como forças criadoras e como criaturas das experiências curriculares pulsadas nos movimentos cotidianos.

CURRICULARIDADE

Figura 1 – Currículo Mandálico

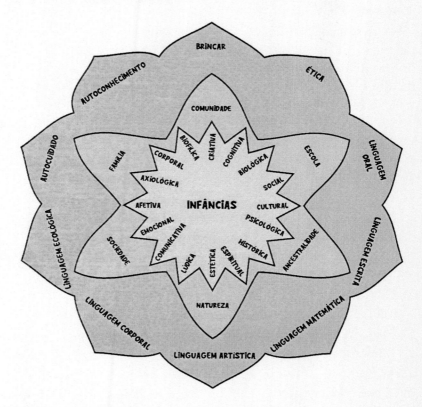

Fonte: elaborada pela autora

O currículo mandálico se fecunda nos princípios da circularidade vital inerente à natureza de todos os seres, que por tempos foi desmemoriada pelo carrego colonial-capitalista-moderno-ocidental. Uma gira que é pluriversal e multirreferenciada, que se borda em processos criativos, de feituras coletivas integradas em subjetividades, tecidas em redes de relacionamentos. Passo a descrever aqui cada camada elementar da mandala, expandida em pétalas que se movimentam em círculo espiralado. Entre cada camada, não há hierarquias ou estágios evolutivos. Não há sobreposições, mas, sim, cruzos, atravessamentos que só acontecem porque permanecem em constante relação.

A Camada Nuclear abriga as pétalas das infâncias. Essas pétalas representam os diversos rizomas que constituem o ser humano. Frequentemente, as teorias educacionais se ocupam do que chamam de "dimensões do desenvolvimento humano": (1) dimensão intelectual; (2) dimensão física; (3) dimensão afetiva; (4) dimensão social; (5) dimensão ética e moral; e (6) dimensão simbólica. No currículo, mandálico apresento 16 dimensões, chamadas de pétalas, descritas aqui de forma breve, ainda não aprofundada, aberta, tentando ensaiar algumas linhas de compreensão:

(1) Criativa: pétala criadora, produtora de combinações originadas das diversas referências capturadas nas experiências vividas. Abriga a capacidade de imaginar outros mundos possíveis, manifestados em vida de forma única.

(2) Cognitiva: pétala da elaboração dos diversos conhecimentos que transitam no tecido social.

(3) Biológica: pétala relativa ao corpo físico que sustenta a existência humana.

(4) Social: pétala das biointerações. Nela não se fecham apenas as interações humanas, interpessoais, como costumam ser definidas, mas também como as interações humanas reverberam e se comunicam com os outros seres viventes.

(5) Cultural: pétala que abriga o complexo das formas de ser e estar no mundo dos diferentes grupos humanos.

(6) Psicológica: pétala que guarda as formas como os humanos se colocam e percebem o mundo.

(7) Histórica: pétala que carrega as marcas históricas (vividas e narradas) subjetivas e coletivas.

(8) Espiritual: pétala da conexão cósmica entre as manifestações físicas e metafísicas da natureza.

CURRICULARIDADE

(9) Estética: pétala que abriga as diversas formas de transver o mundo, de enxergar o que pode ser sentido.

(10) Lúdica: pétala relativa às formas prazerosas e brincantes de experimentar o mundo.

(11) Comunicativa: pétala dos diálogos, que abriga as mensagens verbais e não verbais, poéticas e sensíveis entre viventes.

(12) Emocional: pétala das elaborações dos sentimentos que atravessam o ser humano.

(13) Afetiva: pétala dos atravessamentos. Das formas como os seres afetam uns aos outros, ao longo da caminhada terrena.

(14) Axiológica: pétala dos conjuntos de princípios regentes de um ser em comum-união (comunhão) com outros seres.

(15) Corporal: pétala do corpo-território, terreno existencial, construto e construtor de memórias ancestrais.

(16) Biofílica: pétala onde habita a capacidade inerente do ser humano de amar tudo o que é vivo.

Nas bordas que seguem a Camada Nuclear, encontramos o que o psicólogo e escritor Alexandre Coimbra Amaral chama de curadoria, que consiste em um grupo de adultos que precisa ter a coragem de assumir o compromisso de ser sustentador, mediador e facilitador da passagem de uma criança em vida sem deixar morrer a sua capacidade de sonhar, de manifestar sua existência que já é e não que está presa na gaiola do vir a ser. esta camada, a que chamo de integrativa, além da curadoria de grupos humanos, como as comunidades, as instituições da sociedade, as escolas e as famílias, também apresenta a natureza e a ancestralidade como um conjunto de sabenças que são pontes, que podem ser substrato e oferecer sementes para o desenvolvimento de uma criança.

Neste ponto é fundamental anunciar a compreensão de que, enquanto adulto, comprometer-se em ser borda curadora não é estar no controle, mas no lugar de abertura ao diálogo respeitoso e não violento. Outro aspecto importante está no entendimento de que concebo aqui a natureza como uma sabedoria e não como um recurso e a ancestralidade como um lugar de memória viva, ativa que é traduzida em conhecimento na medida em que ela nunca morre, esgota-se ou se acaba, pois não começou por nós, portanto não termina em nós.

Girando o currículo mandálico, encontramos os conjuntos que compreendem a camada experiencial. Todo conhecimento é fruto de uma experiência que se lança em semente em nosso corpo-território. Para o entendimento da forma como podemos transfluir nesta camada, invoco a sabedoria do solo, das agroflorestas e da permacultura que jamais lançam uma semente em terra sem honrar e respeitar sua sazonalidade (seus tempos) e o bioma regente (as características sistêmicas em que se apresentam).

No conjunto das experiências presentes na camada experiencial confluem o brincar, como linguagem universal das infâncias; a Ética humana biocentrada; a linguagem oral, tomada não apenas como a capacidade de se comunicar, mas como uma identidade ancestral que guarda e transmite memórias e histórias dos povos que "narram a si próprios"; a linguagem escrita; a linguagem matemática, a linguagem artística; a linguagem corporal; a linguagem ecológica; o autocuidado; e o autoconhecimento.

Ao germinar este currículo circular, mandálico, pego-me pensando na necessidade fulcral de que suas camadas abriguem uma efemeridade vital, visto que tudo o que está vivo está potencialmente em transformação, que tenha a capacidade de integrar, expandir e contrair.

Em seus escritos, Antônio Bispo (2023) conta que as casas em seu quilombo guardam terrenos para construir as casas dos que vão nascer. Dialogando com Bispo, compreendo que o currículo mandálico precisa ser como os quintais dos quilombos, com capacidade de receber tantas outras camadas, pétalas; o que couber na capacidade cocriadora que se mobiliza para girar com as infâncias e pelas infâncias em dança, em ginga, em movimento.

CURRICULARIDADE

Considerações transitórias...

O apagamento da noção de circularidade vital que nos constitui, o esquecimento das cosmologias que guardam as narrativas e entendimentos das origen(s) do(s) mundo(s), da pluriversalidade inerente aos sistemas vivos, a supressão do vínculo profundo que conecta tudo o que existe e reexiste são sintomas mórbidos do desencante provocado pelo carrego colonial capitalista-moderno-ocidental. Caminhar em direção à retomada de nossas memórias ancestrais, que como bem anuncia Ailton Krenak (2023, s/p): "não se queimam", é assumir uma postura transgressora das dinâmicas hegemônicas que contaminaram nosso sistema de pensamento, nossas formas de ser e estar no mundo.

Apresento o currículo mandálico como um possível, como uma linha em fuga, que rompe na esquiva com a linearidade colonialista, capitalista, cosmofóbica, urbanocêntrica e adultocêntrica, produzida pelo antropoceno. Inscrevo assim, nas camadas epidérmica do corpo-território das escolas, acreditando na transfiguração das tantas educações viventes, a possibilidade de uma gira com e pelas infâncias que possa preenchê-las de futuro com um presente bem vivido. Para tanto, é preciso bem querença, é preciso acionar as sabenças que observam os escombros do assombro colonial-capitalista, é preciso dançar em roda, brincar de roda.

Elucidário

A etimologia da palavra elucidar carrega tanto a significância do ato de explicar, quanto de anunciar. Elucidar, portanto, é também, anunciar algo ou alguém. Neste elucidário os termos elencados a seguir não são possíveis de serem compreendidos por si só, pois se vinculam aos construtos deste ensaio, encharcados das múltiplas referências aqui recorridas. As palavras aqui circuladas também anunciam que uma das mais potentes forças de transformação mora na linguagem. A linguagem é cocriadora de percepções e por isso de mundos! Que mundo desejamos inventar com as palavras que lançamos?

Educações Transgressoras

Origem etimológica: a origem etimológica da palavra "educações" pode ser derivada do latim *educatio*, que significa "ação de educar" ou "processo de instrução". O termo "transgressoras" vem do verbo "transgredir", do latim *transgredere*, que significa "ultrapassar" ou "ir além dos limites estabelecidos".

Conceito: educações transgressoras referem-se a abordagens educacionais que desafiam as normas, estruturas e paradigmas hegemônicos, fincados na dinâmica colonial-capitalista.

Mandala

Origem etimológica: a origem etimológica da palavra "mandala" está relacionada ao sânscrito, uma língua antiga da Índia. O termo deriva do substantivo "mandala", que significa "círculo" ou "disco".

Conceito: mandala é um símbolo presente em diversas tradições espirituais e culturais ao redor do mundo. É uma representação geométrica circular que pode simbolizar a totalidade, o equilíbrio dinâmico dos sistemas vivos.

Circularidade

Origem etimológica: a palavra "circularidade" deriva do latim *circulāritas*, que tem como base o termo *circulus* e significa "círculo".

Conceito: a circularidade refere-se à qualidade ou estado de algo que é circular. No contexto de pensamento sistêmico e complexo, a circularidade envolve a compreensão de que os elementos de um sistema estão interconectados e interagem entre si de forma contínua, formando ciclos e retroalimentações. A circularidade dentro da filosofia africana remete à morada das sabenças dos oráculos e ifás, da forma como cada ser se relaciona um com o outro. A circularidade na confluência das cosmovisões indígenas remete à conexão ancestral e cíclica entre humanos e não humanos, encarnados e encantados.

Biocêntricas

Origem etimológica: a palavra "biocêntricas" é formada pelo prefixo "bio-", que significa "vida", e o sufixo "cêntricas", que indica "centrado" ou "voltado para".

Conceito: biocêntricas refere-se a perspectivas éticas ou abordagens que colocam a vida, em todas as suas formas, como a centralidade na experiência das relações existenciais. O enfoque biocêntrico reconhece a interdependência dos seres vivos entre si e com os ambientes, buscando uma abordagem equilibrada, sustentável e regenerativa.

Culturas Regenerativas

Conceito: culturas regenerativas referem-se a práticas, modelos ou sistemas que buscam regenerar ecossistemas degradados e promover a resiliência e sustentabilidade planetária. Essas abordagens buscam promover a coexistência equilibrada entre seres humanos e o ambiente natural.

Sistêmicas

Origem etimológica: o termo "sistêmicas" é derivado do substantivo "sistema", que tem origem no latim *systema*, que significa "conjunto organizado de elementos inter-relacionados".

Conceito: sistêmicas refere-se a abordagens, teorias ou práticas que consideram os elementos e as interações dentro de um sistema complexo, enfatizando a compreensão do todo, as relações e as interdependências.

Complexas (Complexidade)

Origem etimológica: o termo "complexas" é o feminino plural de "complexo", que deriva do latim *complexus*, que significa "entrelaçado" ou "composto por várias partes". "Complexidade" é o substantivo relacionado.

Conceito: complexas (Complexidade) refere-se à natureza intrincada, interconectada e multifacetada de sistemas, fenômenos ou problemas, que envolvem elementos diversos e relações não lineares.

Agrofloresteiras

Origem etimológica: o termo "agrofloresteiras" é composto pelos elementos "agro", relacionado à agricultura, e "floresta", referente a uma comunidade vegetal densa e diversa.

Conceito: agrofloresteiras diz respeito a práticas ou sistemas agrícolas que combinam árvores, culturas agrícolas e/ou criação de animais, buscando imitar a diversidade e o equilíbrio dos ecossistemas naturais.

Brincantes

Origem etimológica: a palavra "brincantes" é o plural do substantivo "brincante", que deriva do verbo "brincar" e pode ser relacionado a jogos, diversões ou atividades lúdicas da cultura popular.

Conceito: brincantes refere-se a um estado de presença plena e lúdica em movimentos de criação e recriação do mundo, da vida social e da vida relacionada com a Natureza.

Coloniais (Colonialidade)

Origem etimológica: a palavra "coloniais" deriva do termo "colônia", que tem origem no latim *colonia* e refere-se a uma área ou território estabelecido e governado por uma potência estrangeira.

Conceito: coloniais diz respeito a características, práticas ou estruturas relacionadas ao período colonial, em que grupos humanos exerceram controle sobre outros grupos humanos e seus territórios, estendidas na contemporaneidade em outros desenhos, mas com a mesma violência.

Decoloniais

Origem etimológica: o termo "decoloniais" é formado pelo prefixo "de-", que indica "negação" ou "afastamento", e o substantivo "colonial", relacionado a colônia.

Conceito: decoloniais refere-se a abordagens, teorias ou movimentos que questionam as estruturas coloniais, buscando a descolonização de pensamentos, práticas e relações sociais, promovendo a valorização e autonomia das culturas e saberes silenciados e marginalizados historicamente por grupos opressores.

Ancestrais

Origem etimológica: a palavra "ancestrais" deriva do termo latino *antecessor*, que significa "aquele que vem antes".

Conceito: ancestrais se refere às sabedorias, às memórias históricas constituídas antes de nós, que abriga caminhos e horizontes para compreender as experiências no tempo presente.

Caboclas

Origem etimológica: a palavra "caboclas" tem origem no termo "caboco", que deriva do tupi *kaboka* e foi usado para se referir aos descendentes de indígenas com pessoas de origem europeia ou africana.

Conceito: caboclas refere-se a uma identidade cultural ou étnica presente em algumas regiões do Brasil, que envolve uma mistura de heranças indígenas, africanas, afro-brasileiras e europeias.

Antropocêntrico

Origem etimológica: o termo "antropocêntrico" é formado pelo prefixo "antro-", relacionado ao ser humano, e o sufixo "-cêntrico", que indica centralidade ou foco.

Conceito: antropocêntrico refere-se a uma perspectiva, visão de mundo ou sistema de valores em que o ser humano é considerado o centro, sendo colocado acima das demais espécies e do meio ambiente.

Referências

ADILBÊNIA FREIRE MACHADO (2014)- Ancestralidade e encantamento como inspirações formativas: filosofia africana mediando a história e cultura africana e afro-brasileira.

AILTON KRENAK (2019) – Ideias para adiar o fim do mundo | Documentário: Memória não queima.

ALEXANDRE COIMBRA AMARAL: em @intitutoalana.

ANÍBAL QUIJANO (1998)- Colonialidad del Poder, Cultura y Conocimiento en América Latina.

ANTÔNIO BISPO DOS SANTOS (2023)- A terra dá, a terra quer.

DANIEL MUNDURUKU- Das coisas que aprendi: Ensaios sobre o bem-viver.

DANILO SARDINHA MARCOLINO (2023)- A guerrilha brincante contra os paraísos artificiais: contribuições para uma visão complexa e descolonizada dos direitos da criança.

EDGAR MORIN (2008)- Introdução ao Pensamento Complexo

FRITJOF CAPRA (2006)- A teia da vida: uma nova compreensão científica dos sistemas vivos.

JORGE DANIEL VÁSQUEZ (2023)- Adultocentrismo y juventud: Aproximaciones foucaulteanas.

KAKÁ WERÁ- vídeo: Cosmovisão do Bem Viver e Regeneração.

LUIZ RUFINO (2019)- Vence demanda: educação e descolonização.

LUIZ ANTÔNIO SIMAS; LUIZ RUFINO (2019) - Flecha no Tempo.

MARIA LUIZA DE ALMEIDA (2022)- Como (não) proteger um ser vivo das catástrofes ao redor: uma reflexão artística sobre sistemas de vida.

PABLO SOLÓN (2019) – Alternativas sistêmicas: bem viver, decrescimento, comuns, ecofeminismo, direitos da Terra e desglobalização.

PEU FONSECA- Vídeo: a importância das crianças para a vila.

RUTH CAVALCANTE; CEZAR WAGNER DE LIMA GÓIS (2019)- Educação Biocêntrica: ciência, arte, mística, amor e transformação.

THOMAZ TADEU SILVA (2015)- Documentos de identidade; uma introdução às teorias do currículo.

DISCURSOS CURRICULARES NA PRODUÇÃO ACADÊMICA SOBRE LUDICIDADE NA EDUCAÇÃO DO CAMPO/2015-2018

Humberto de Jesus Caldas Pereira

Nilce Pantoja do Carmo

Neste texto, analisamos os discursos curriculares das produções acadêmicas sobre a ludicidade na educação do campo/2015-2018. Identificamos de que modo tais discursos se caracterizam como "tradicionais, críticos e pós-críticos". Para tal, fizemos uma pesquisa bibliográfica do tipo estado do conhecimento firmada na abordagem quanti-qualitativa e desenvolvida com Análise de Conteúdo recomendada por Bardin (1977).

O estado do conhecimento é um tipo de pesquisa em que há "identificação, registro e categorização de dissertações, teses, artigos, livros, que permitem análises, reflexões e síntese da produção científica de uma área, em um espaço de tempo" (MOROSINI; FERNANDES, 2014, p. 102). Romanowski (2002) ajuda a entender que pesquisas do tipo estado do conhecimento são importantes porque fazem revisões na literatura científica de uma área determinada, podem contribuir para conhecer o percurso histórico, limitações e/ou avanços de um tema. Neste caso, nossa identificação, registro, categorização e revisão serão feitas em dissertações e teses.

Isto, com base na abordagem qualitativa, que é oportuna em razão da necessidade de priorizar análises conceituais, instigar dúvidas, produzir críticas, o que para Farra e Lopes (2013) é fundamental na produção de evidências sobre as potencialidades e limitações dos textos catalogados.

As catalogações foram feitas na Biblioteca Digital de Dissertações e Teses do Centro de Aperfeiçoamento de Pessoal de Nível Superior (BDTD/Capes), os descritores utilizados foram: "lúdico e educação do campo" e "ludicidade e educação do campo". Buscamos teses e dissertações dos programas brasileiros de pós-graduação em Educação, publicadas entre 2015 e 2018.

Para encontrar tais produções, filtramos a "Grande área de concentração" em "Ciências Humanas", a "Grande área de Conhecimento" definimos "Educação", quanto à "Área de concentração" marcamos novamente em "Educação" e os programas de pós-graduação foram filtrados em "Educação".

A catalogação total rendeu 55 referências entre teses e dissertações, as quais foram organizadas em documento Word e passaram pela primeira etapa da análise de conteúdo — pré-análise —, que consistiu na leitura dos títulos de cada tese e dissertação, tal como recomenda Bardin (1977). Feito isso, restaram 17 referências que mencionaram no título "Lúdico e Educação do campo" e "Ludicidade e Educação do Campo".

Partimos para a segunda etapa indicada por Bardin (1977) — exploração do material —, na qual conseguimos o download de 13 produções, quatro trabalhos não estavam disponíveis para baixar. Posteriormente, fizemos a leitura flutuante dos resumos de sete dissertações e seis teses, conforme orienta Bardin (1977), no intuito de constatar suas pertinências, representatividades, exaustividades e assim constituir o corpus da análise, ou melhor, definir as produções a serem analisadas.

Após essa fase, identificamos que apenas quatro dissertações investigaram a ludicidade em escolas do Campo — Ribeiro (2017), Boito (2017), Bettoni (2018), Peres (2018). As outras produções tratam da ludicidade em contextos de vilas, associações, templos religiosos, organizações não governamentais e institutos rurais. O foco de nossa pesquisa era produções em escolas do campo. Logo, restaram-nos quatro produções para compor o corpus de análise.

CURRICULARIDADE

Nesse corpus, a partir de leitura integral e fichamentos, foi feita a codificação das seguintes categorias de análise: discursos curriculares tradicionais, discursos curriculares críticos e discursos curriculares pós-críticos. A seguir, será apresentada a primeira categoria de análise (supracitada).

Discursos curriculares tradicionais

As pesquisas de Tadeu da Silva (2011) evidenciam que o discurso curricular que atualmente denominamos de tradicional, surgiu em estudos e pesquisas científicas nos Estados Unidos da América (EUA). A produção inaugural deste debate foi o livro *The Curriculum*, lançado por John Franklin Bobbitt no ano de 1918.

Posteriormente, em meados da década de 1920, aliado ao movimento de industrialização e imigrações que instigavam a massificação da escolarização, "houve um impulso por parte de pessoas ligadas sobretudo à administração da educação, para racionalizar o processo de construção, desenvolvimento e testagem do currículo" (TADEU DA SILVA, 2011, p. 12).

Tadeu da Silva (2011, p. 12-16) mobiliza pensamentos no intuito de compreender o discurso tradicional de currículo quando houver mobilizações de esforços para demonstrar certa neutralidade nas temáticas discutidas e/ou apresentar a simples questão "o quê?", e buscar responder "como?" diante de ensinos e aprendizagens. Entende o autor supracitado que tal perspectiva curricular é estruturada no modelo de fábrica, em que os sujeitos são tratados como produtos fabris, dos quais são exigidos apenas resultados técnicos (TADEU DA SILVA, 2011).

Ainda com base em Tadeu da Silva (2011), é possível identificar que os discursos curriculares tradicionais privilegiam em suas ênfases "ensino, aprendizagem, avaliação, metodologia, didática, organização, planejamento, eficiência e objetivos" (TADEU DA SILVA, 2011, p. 17). Na visão dele, mudanças acontecem no discurso curricular crítico e pós-crítico, visto que não há limitações em questionar apenas "o quê?", mas expõem este "o quê" a permanentes questionamentos, centralizando as questões com maior ênfase ao "por quê?" (TADEU DA SILVA, 2011, p. 16). Por que estes conhecimentos e não outros?

No que concerne aos discursos curriculares críticos, Tadeu da Silva (2011) expõe que suas abordagens podem ser caracterizadas a partir de palavras-chave, sejam elas em pesquisas e/ou práticas sociais. Tais palavras são: "classe social, ideologia, poder, capitalismo, relações sociais de produção, conscientização, emancipação, libertação, currículo oculto e resistência" (TADEU DA SILVA, 2011, p. 17).

Ademais, tal autor apurou que os discursos curriculares pós--críticos pautam um "currículo multiculturalista para seres inconclusos, que valoriza a subjetividade dos sujeitos, permite a convivência harmoniosa entre as diferentes culturas e seus diversos tipos de conhecimentos" (TADEU DA SILVA, 2011, p. 88). Este paradigma também pode ser identificado por meio de palavras-chave, tais como, "identidades, subjetividades, diferenças, alteridade, significação e discurso, saber-poder, representação, culturas, gênero, raça, etnia, sexualidades, multiculturalismo" (TADEU DA SILVA, 2011, p. 88). Em síntese, os discursos curriculares pós-críticos se fortalecem na construção de dúvidas aos princípios curriculares prescritivos vinculados aos discursos críticos ou modernos. Além disso, contrapõem as ideias objetivas e cartesianas da razão e o funcionalismo da ciência.

Pesquisas de Negrine (2011) revelam que o discurso curricular tradicional percebe a ludicidade como sinônimo de jogo(s), brinquedos e brincadeiras, os quais, sem contextualizações históricas, sem vínculos sociais, políticos, econômicos, podem ajudar no ensino e aprendizagem. Os indícios desse tipo de discursos, na ótica de Negrine (2011), estão na teoria do recreio de Schiller (1875), em que jogo(s), brinquedos e brincadeiras são tidos apenas como recreação. Na teoria do descanso, de Lazarus (1883), tais atividades servem como momentos para descansar dos estudos extenuantes. Na teoria do excesso de energia, de Spencer (1897), estas ações são consideradas como estratégias de descarrego do excesso de energia. Na teoria da antecipação funcional, de Gross (1902), jogo (s), brinquedos e brincadeiras são pré-exercícios para iniciar as atividades fatigantes. Já na teoria da recapitulação, de Stanley Hall (1906), estes instrumentos são validados apenas como saberes de gerações passadas que devem ser repassados a gerações futuras.

Das quatro produções acadêmicas analisadas nesta pesquisa, em uma está evidente o discurso curricular tradicional — tal como apresenta Negrine. É na dissertação de Boito (2017, p. 127-131, grifo nosso) que cita "a **alegria, a ludicidade** na escola, aconteciam quando as crianças se dirigiam a **cantos onde havia jogos, isso no início ou após a aula**" e "na E.M.E.F São Sebastião, a **brincadeira lúdica promovia aprendizagens dos conteúdos escolares**".

Desse modo, explicita-se a relação sinônima da ludicidade com jogos e brincadeiras, suas valorizações apenas nos finais de atividades, como momento de descanso e/ou no início delas, como momento de pré-exercício. Posto isto, cabe inferir que há similaridades com os discursos curriculares tradicionais, tal como revelou Negrine (2011) ao analisar as teorias: do recreio (SCHILLER, 1875), que considera os jogos e brincadeiras apenas como recreação; do descanso (LAZA-RUS,1833), em que se faz uso destes elementos para descansar de atividades extenuantes; e da antecipação funcional (GROSS, 1902), para aquecer o corpo antes das aprendizagens burocráticas fatigantes.

As razões para tal enfoque nessa produção podem ser diversas, sendo que, analisando a introdução da pesquisa em questão, é possível elencar algumas. Uma delas é o anseio da pesquisadora por transformação social, superação das dificuldades das famílias do campo a partir das racionalidades científicas. Anseios estes, alimentados na graduação em pedagogia em que ela foi "tocada pela educação" (BOITO, 2017, p. 14) e fortalecida por suas vivências em dois projetos de pesquisa com lócus em escolas do campo e foco no ensino e aprendizagem.

Em face do contexto das razões que levaram à construção desta produção acadêmica, é mister considerar que ela é parte de um todo social que se constitui pelos diferentes discursos curriculares, é parte de um mundo em que "todas as coisas são causadoras e causadas, auxiliadoras e auxiliadas, mediatas e imediatas, e todas se acham presas por um vínculo natural e insensível que une as mais afastadas e diferentes" (PASCAL, 1973, p. 59).

Neste sentido, Passos (2019, p. 174) entende que é válido considerar todos os âmbitos de uma construção acadêmica curricular, inclusive o ângulo que permite olhar o sistema hegemônico capitalista como opressor das classes populares. E, logo, perceber que as razões científicas muitas vezes são instrumentos utilizados disfarçadamente no discurso curricular de educação "enquanto mero dispositivo técnico envolvido nos processos de ensino e da aprendizagem" (PASSOS, 2019, p. 16).

Concernente à concepção de ludicidade disposta na produção acadêmica em questão, Lopes (2014) auxilia a nossa interpretação e alerta que ela não pode ser definida exclusivamente como sinônimo de jogos, brinquedos e /ou brincadeiras e não pode ser inflexível nas determinações, haja vista que, sobretudo, ela é um "fenômeno da condição de ser do humano, que está presente em cada pessoa e em qualquer cultura, manifesta-se diversamente e os seus efeitos são potencializadores de intercompreensões" (LOPES, 2014, p. 26).

Na percepção de Miranda (2018), a ciência moderna enquanto propositora hegemônica das produções intelectuais brasileiras, contribui para a formação do mito da modernidade. Assim, é comum observarmos nas produções acadêmicas a educação assumindo o papel de salvadora diante dos problemas sociais, sendo a aquisição de conhecimentos técnicos burocráticos como primordiais à formação humana. Para o combate desses discursos curriculares cartesianos, tal autora propõe um movimento social que desafie o domínio colonial e que reivindique outras vozes para a produção dos conhecimentos.

Desta forma, é preciso renunciar currículos que subordinem os sujeitos à visão adultocêntrica, que entende a ludicidade como ferramenta de obtenção de objetivos predeterminados, havendo a necessidade de direcionar o olhar e a escuta para sentir/compreender as significações dessas vidas em movimento — físico e existencial.

Além disto, é essencial o anúncio de uma perspectiva idealizadora, utópica, exequível voltada à elevação da infância do campo e de sua ludicidade como fomentadoras do aguçar vívido da existência multicultural. Desta forma, como coadunam Silva, Silva e Martins (2013, p. 9) "[...] veríamos crianças puras, inebriadas com a natureza, percorrendo os tempos e os espaços na inocência que se espera de um ser que se encontra longe das realidades poluídas do meio urbano".

Vislumbra-se, na ideia, a beleza e a inteireza da experiência de ser criança em interação — e muitas vezes integração — cotidiana com os elementos da natureza. Essa fruição mostra-se como um desafio, um retirar-se do lugar comum, seguindo rumos, ampliando acessos e contrapondo quaisquer concepções de currículo, ludicidade e outros temas que não dialoguem com as vivências das populações tradicionais, tecidas **com**, **para e sobre** os sujeitos do campo.

Discursos curriculares críticos

O que atualmente denominamos de discursos curriculares críticos foram construídos historicamente. Outrora eram conhecidos como Teoria Crítica. A qual origina-se nos séculos 19 e 19 com os filósofos alemães: Imannuel Kant (1724-1804), Friedrich Hegel (1770-1831) e Karl Marx (1818-1883). Pesquisas de Pacheco (2007, p. 202-203), indicam que posteriormente a este período, houve uma intensa reorganização de tal teoria pelo filósofo alemão Max Horkheimer (1895-1973). Foi este quem construiu o termo teoria crítica. Em 1937, apresentou-a no livro *Teoria Tradicional e Teoria Crítica* e desde então houve ampla divulgação e uso por outros estudiosos.

É relevante compreender que esse é um momento marcado pelas tensões violentas do nazismo (1933-1945) na Alemanha, assim como pelo stalinismo (1924-1953) na antiga e extinta União Soviética e pela Segunda Guerra Mundial (1939-1945), fatos sociais que despertaram incisivas críticas étnicas, políticas, econômicas, culturais etc. As investigações de Nobre (2004) esclarecem que é desse contexto conflituoso que surge o marxismo e seu método como fundamento maior das críticas, "a crítica da economia política" (NOBRE, 2014, p. 13).

O entendimento de Nobre (2004) esclarece que a Teoria Crítica é um projeto interdisciplinar estruturado na ideia marxista de transformação social, bastante divulgada pela Escola de Frankfurt (Alemanha). Em 1923, passou a reunir no debate vários autores marxistas, frutos de ideias do economista e cientista social argentino, naturalizado alemão, Félix José Weil (1898-1975). Este, por sua vez, foi influenciado pelo filósofo marxista alemão Karl Korsch (1886-1961) e pelo economista alemão Friedrich Poliock (1894-1970).

No Brasil, os reflexos desse período encontram-se nas obras de vários estudiosos, dentre os quais se destaca Paulo Reglus Neves Freire (1921-1997). Em vida, Paulo Freire mobilizou pensamentos opostos à educação bancária, instigou o pensar sobre uma educação libertadora, crítica, utópica, guiada pela esperança e necessidade de transformações sociais. Buscava — e continua buscando por meio da vivacidade de suas obras — uma pedagogia humanizadora, que passeia pela incompletude humana e busca da autonomia dos sujeitos em "permanente movimento de procura e curiosidade crítica" (FREIRE, 1996, p. 9).

Seguindo o intuito de compreender melhor a Teoria Crítica, especificamente no que tange os seus discursos curriculares, Pacheco (2007, p. 203) explica que ela "traz à realidade curricular os lados mais ocultos das práticas e, sobretudo, a geografia das relações, na medida em que se torna possível olhar criticamente para as diversas relações que existem". Outra ideia neste sentido é de Nobre (2004, p. 10), denotando que a Teoria Crítica é "um ponto de vista capaz de apontar e analisar os obstáculos a serem superados para que as potencialidades melhores presentes no existente possam se realizar".

Vale ressaltar nos diálogos anteriores que a palavra "crítica" é indispensável ao olhar contextual, para analisar as tensões dos arcabouços econômicos, políticos, educacionais, científicos, culturais, dentre outros. Está sempre a questionar o que está posto, quem pôs, para que pôs, por que pôs. Duvidar e argumentar, suscitando reflexões/proposições, é a essência dos discursos curriculares críticos, com intuito de melhorar, aprofundar, reinventar a realidade social.

CURRICULARIDADE

Cintra (2010, p. 2) é uma defensora da ludicidade como o desenvolvimento de "atividades prazerosas" que não estão pautadas na postura de educador (a) que "deixa a criança brincar apenas para passar o tempo, sem nenhum objetivo". Ela salienta que a ludicidade "é um recurso pedagógico que envolve a brincadeira de maneira séria, pois deve ser visto como um fator de aprendizagem significativo para o educando, possibilitando o desenvolvimento motor, cognitivo, afetivo e social" (CINTRA, 2010, p. 2).

Nesta linha de pensamento, ao analisar a produção acadêmica sobre a ludicidade na educação do campo, é possível notar a presença destes discursos curriculares críticos em dois trabalhos: na produção de Boito (2017) e na de Bettoni (2018). Na primeira, está posto que os jogos e brincadeiras promovem aprendizagens na escola do campo, assim como, servem para momento de descanso e lazer. Já na segunda, percebemos que as "brincadeiras" [são] "atividades lúdicas" [que] "incentivam e potencializam aprendizagens em sala de aula" (BETTONI, 2018, p. 5).

É salutar perceber que a mesma produção acadêmica revela que em determinado contexto escolar do campo os discursos curriculares sobre a ludicidade se opõem ideologicamente. Hora as brincadeiras e os jogos servem apenas como recreação (SCHILLER, 1875), descanso (LAZARUS, 1833) e como pré-exercício de outras atividades desgastantes (GROSS, 1902), o que demonstra estarem alinhados ao currículo tradicional. Outrora, revelam que as brincadeiras são utilizadas para promover aprendizagens (BOITO, 2017).

Não se considera esta argumentação como uma fragilidade da citada produção acadêmica, sendo entendida como tradução da realidade de um campo plural, construído em tessituras que conectam construções multidimensionais. São interligações necessárias à compreensão do mundo que se faz nas diferenças. São as partes que dialogam, interagem e retroagem, a fim de formar um todo que é interdependente. Caso contrário, é mais difícil entender que a tessitura do mundo é complexa e/ou que as relações humanas são processos "tecidos juntos" (MORIN, 2003, p. 14).

Tecer junto mobiliza diálogo, cooperação, sensibilidade e solidariedade, valores que a criança, submetida a um ambiente aguçador, toma para si com relativo afinco. Para Silva, Silva e Martins (2013), a infância do campo cultiva tais valores e, para além disso, desconstrói mitos e paradigmas, posto que "[...] se mostra na precariedade da vida camponesa, mas na luta por direitos. Uma luta em que estão presentes valores como cooperação e solidariedade, em que brincar e trabalhar são práticas sociopolíticas" (SILVA; SILVA; MARTINS, 2013, p. 11).

A produção de Bettoni (2018, p. 5), ao enfatizar que "o lúdico é facilitador e potencializador da construção do conhecimento", revela que a ludicidade na educação do campo está sendo compreendida em diversas vertentes curriculares, desde o currículo tradicional ao crítico. Neste sentido, muito temos a compreender acerca do que é, e de como pode ser a vida escolar com as crianças do campo. Sendo que Silva, Silva e Martins (2013, p. 11) também favorecem o nosso entendimento sobre a função social da escola, demonstrando-nos a perspectiva das famílias campesinas "[...] é que não somente prepare para uma vida futura, mas que ela mesma, no tempo atual, seja um espaço de produção de vidas dignas".

Esta perspectiva relaciona-se intimamente com uma concepção de currículo concebido no respeito à diversidade, sendo que a ludicidade como sentimento interno de satisfação e prazer (LUCKESI, 2014) é aspecto de fundamental importância ao desenvolvimento da identidade, autonomia e criatividades. Neste sentido, precisamos nos inclinar a compreender a ludicidade como um fenômeno "complexo e múltiplo em suas manifestações" (LUCKESI, 2005, p. 2). Fato que pode ocorrer em espaços urbanos e rurais, visto que a diversidade cultural se faz presente nos mais diversos ambientes.

Reportando-nos, por exemplo, às vivências das comunidades ribeirinhas — para as quais o rio tem significado vital — constatamos que as aprendizagens do nadar, remar e pescar são brincadeiras e atividades primordiais à sobrevivência. Sendo assim, brincar nos rios e igarapés representa diversão, mas também preparação para garantir a vida, num ambiente envolto pelas águas. As brincadeiras, neste entendimento, geralmente refletem as realidades vividas em comunidade. Como reiteram Vasconcelos e Albarado (2015, p. 91-92), "visitamos uma comunidade, e ao chegar ao destino, deparamo-nos com a alegria de um menino a contar para seu pai que brincava de 'luz para todos', tal foi seu feito, conseguiu uma lâmpada queimada, fios de estender roupas e paus para fazer os portes".

Perante o exposto, inferimos que as causas dos impactos imaginativos infantis são diversas e, por vezes, até adversas, dada a naturalidade, por exemplo, que uma criança citadina trataria as questões relativas à energia elétrica, que fazem parte de seu contexto cotidiano. Não obstante, a mesma criança talvez não tivesse igual entusiasmo e desenvoltura para pular de um elevado galho de árvore rumo às águas turvas de um rio, como muitas crianças ribeirinhas o fazem. Os modos e os motivos das diversões podem demonstrar distinção, porém a imaginação é semelhantemente enriquecida.

Discursos curriculares pós-críticos

Pesquisas de Pinar (1947) mencionam que um novo discurso curricular é iniciado "em algum ponto da metade do século XX" (PINAR, 2007, p. 111). Com maior precisão, ele revela que o surgimento se dá nos Estados Unidos da América (EUA), a partir da década de 1970, quando este movimento foi intitulado "reconceptualização curricular" (PINAR, 1947, p. 40). Na opinião do autor, isso ocorreu devido a percepção de alguns especialistas em currículo, professores acadêmicos que "estavam a trabalhar de forma burocrática" com único intuito de "implementar os materiais e os conteúdos de outros" (PINAR, 1947, p. 40).

Então, diferentes inquietações vieram à tona e, com isso, um esforço extra para buscar entender principalmente "como é que, na escola, o currículo 'in loco' funciona política e racialmente, em termos de gênero, subjetividade e de aldeia global" (PINAR, 1947, p. 42). As confirmações de que esse currículo burocrata estava servindo apenas para "melhorar notas em exames padronizados (para vangloriar políticos) e preparar alunos para o 'sucesso' na sala de aula de faculdades" (PINAR, 1947, p. 42) os fez pensar sobre outro discurso curricular, um que abordasse os sujeitos em suas subjetividades, histórias sociais e autobiográficas, na política, economia, no gênero, etnia, na ecologia, teologia, nas multiculturas, nas psicanálises e artes, enfim, "na fenomenologia, pós-modernismo, pós-estruturalismo, todos situados localmente e na aldeia global" (PINAR, 1947, p. 43).

Em outras palavras, Pacheco e Souza (2016, p. 67) dizem que essas ideias supramencionadas primeiro foram denominadas "teorização pós-crítica" e posteriormente outros estudos as chamaram de "discurso pós-crítico". Sendo este caracterizado por "uma diversidade de vozes pós-estruturalistas e pós-modernas que convergem na desconstrução de verdades socialmente construídas, outorgando ao sujeito a plenitude da sua subjetividade" (PACHECO; SOUZA, 2016, p. 67).

A compreensão de Eyng (2007, p. 37) é que "nessa linha de discursos pós-críticos, os currículos atuam como práticas de subjetivação, de significação e exposições produzidas nas relações de saber-poder". Em consonância, Tadeu da Silva (2011, p. 17) observa que a teoria pós-crítica ou pós-moderna, sustenta-se na defesa de "identidades, subjetividades, diferenças, alteridade, significação e discurso, saber-poder, representação, culturas, gênero, raça, etnia, sexualidades, multiculturalismo".

Em face disto, é possível inferir que os discursos pós-críticos constroem dúvidas aos princípios curriculares prescritivos vinculados aos discursos críticos ou modernos, questionam as ideias objetivas e cartesianas da razão e o funcionalismo da ciência. Este fator tem influências diretas nas produções acadêmicas, nos discursos sobre a ludicidade e a educação do campo.

A partir de Lopes (2013, p. 7), é entendido que tais influências começam a ser percebidas em produções da Língua Portuguesa após a década de 90. Nas palavras da autora, as discussões curriculares pós-críticas "só começam a circular no campo dos debates científicos a partir dos anos 1990 e, apenas em meados dos anos 2000 elas

CURRICULARIDADE

se tornaram francamente dominantes" (LOPES, 2013, p. 8). Em seu entendimento, no Brasil, elas se iniciam por conta de traduções de escritos do filósofo francês Michel Foucault (1926-1984) feitas por Tadeu da Silva (1990). Assim, esse "conjunto de teorias" denominadas também como "estudos pós-estruturais, pós-coloniais, pós-modernos, pós-fundacionais, pós-marxistas", invadem os diálogos "inclusive daqueles que não estão de acordo com os seus pressupostos, mas são levados a debater teoricamente sobre os seus efeitos" (LOPES, 2013, p. 7-10).

Referente aos debates sobre a ludicidade, é possível discernir ligações dos discursos pós-críticos na concepção de Luckesi (2014, p. 13-14), ao passo que trata o lúdico ou ludicidade desde o significado etimológico, enfatizando que estes não são termos fechados e dicionarizados, eles estão em construção permanente, não são apenas atividades objetivas. O autor interpreta que o lúdico é o estado interno de cada sujeito e a ludicidade é característica de quem está em estado lúdico. Assim, ela abarca a "pluralidade objetiva e subjetiva dos sujeitos", podem ser "experiências externas e internas, individuais ou não, podem também despertar sentimentos de inteireza e plenitude, satisfações e alegria que dependem das especificidades de cada ser" (LUCKESI, 2014, p. 13-14).

Outra ideia nessa perspectiva é de Lopes (2014, p. 26), em que a ludicidade, "enquanto fenômeno da condição de ser do humano, está presente em cada pessoa e em qualquer cultura, manifesta-se diversamente e os seus efeitos são potencializadores de intercompreensão". É pertinente notar que tanto Lopes (2014), quanto Luckesi (2014) apresentam discursos divergentes do discurso tradicional e crítico, em que a ludicidade é manifestação objetiva que se opõe ao trabalho. Em síntese, os autores pautam a ludicidade como bons sentimentos que surgem das múltiplas possibilidades do mundo complexo, sejam objetivas ou subjetivas, sérias ou não sérias, brincantes ou não.

Entre os programas de pós-graduação em Educação estudados, há duas dissertações que tratam da ludicidade na educação do campo (2015-2018) na perspectiva do discurso pós-crítico. Uma é a produção de Ribeiro (2017) e a outra é de Peres (2018). Na primeira, o texto do discurso sobre a ludicidade enfatiza que ela pode estar em "um corpo explorando o mundo e suas possibilidades", assim como "nas multidimensões das linguagens na simultaneidade que vive, descobre, transforma e interpreta" (RIBEIRO, 2017, p. 67). Na visão desta pesquisadora, quando se pensa a ludicidade como divertimento é a possibilidade que há de este imergir nos sentimentos daqueles/daquelas que estão envoltos nas explorações das múltiplas linguagens e sentidos que elas proporcionam ao mundo.

Um exemplo que a autora expõe refere-se à vida lúdica dos bebês que "descobrem as coisas imergindo nas diversas linguagens do seu contexto – 'coisando as coisas': mexendo, remexendo, vivendo em ação" (RIBEIRO, 2017, p. 21). Quando tais descobertas são alteradas, visando resultados predeterminados, a essência da ludicidade, seu sentido subjetivo, fica comprometida, pois "quando a expectativa é apenas pelos resultados da ação, o que se nega é a própria experiência lúdica subjetiva, se nega o caminho trilhado espontaneamente" (RIBEIRO, 2017, p. 69).

Na segunda dissertação, Peres (2018) entende também que a ludicidade é conectada à processos subjetivos de cada ser, incluindo-se nas características dos discursos pós-críticos, tal como exposto por Tadeu da Silva (2011) no início desta seção. Na concepção da pesquisadora, a ludicidade é "uma experiência subjetiva, em que a fruição, o prazer e a alegria estão atrelados em diversos momentos, o que possibilitará o conhecimento de si próprio e da interação com o outro, como também com o meio que a circunda" (PERES, 2018, p. 26).

Assim, é pertinente afirmar que o discurso curricular pós-crítico já se faz presente na produção acadêmica sobre ludicidade na educação do campo. No entender de Dal Pai Franco e Morosini (2011, p. 44), isto se dá porque a universidade — como lugar da formação docente —, no século 21, já está conseguindo articular um movimento renovador da matriz histórico-cultural. No texto discursivo destas autoras, uma das razões para tal mudança são as pressões sociais por políticas científicas/acadêmicas reformadoras, já que a política de produção acadêmica tradicional e moderna "é alvo de questionamentos, dos mais diversos setores e grupos da sociedade" (DAL PAI FRANCO; MOROSINI, 2011, p. 44).

Não podemos deixar de explanar que os processos dialógicos e éticos voltados à emancipação dos sujeitos, como as manifestações multiculturais, de gênero, etnias, territorialidades e demais subjetividades, assim como precisamos enredar as discussões sobre a ludicidade, também o são necessários/fundamentais à práxis da educação no/do campo. Reinventando a educação para que, como sugerem Moreira e Candau (2013, p. 13) "[...] possa oferecer espaços e tempos de ensino-aprendizagem significativos e desafiantes para os contextos sociopolíticos e multiculturais".

Neste sentido, Moreira e Candau (2003) indicam que na contemporaneidade, é cada vez maior a consciência da necessidade de se romper com o tradicionalismo e construir práticas educativas direcionadas ao enaltecimento das diferenças e do multiculturalismo. Tais autores, reiteram essa assertiva, expondo que "a escola sempre teve dificuldade em lidar com a pluralidade e a diferença" (MOREIRA E CANDAU, 2003, p. 15). Tende a silenciá-las e neutralizá-las. Sente-se mais confortável com a homogeneização e a padronização (MOREIRA; CANDAU, 2003, p. 161).

A realidade vigente leva-nos a pensar sobre as consequências da omissão da educação para com a diversidade cultural dos sujeitos, sob pena de que seja aumentado, ainda mais, o foço existente entre a escola e os universos simbólicos, as mentalidades e as inquietudes dos sujeitos que a compõe.

São sujeitos imersos em culturas diferenciadas das hegemônicas que constituem a educação do campo. Sendo que, ao mencionar que outros sujeitos requerem outras pedagogias, Arroyo (2014) deixa claro que, diante das especificidades da educação escolar ou popular, necessita-se buscar outras concepções pedagógicas orientadoras de outras práticas educativas. Arroyo menciona a tomada de decisão política como fator importante ao despertar desse outro sujeito, visto que "[...] são coletivos sociais, de gênero, etnia, raça, camponeses, quilombolas, trabalhadores empobrecidos e outros, que se afirmam sujeitos de direitos e lutam por melhores condições de vida" (ARROYO, 2014 p. 9).

Compreendendo que esses outros sujeitos são ou poderão se tornar educandos, como cita o autor, entendemos, igualmente, a relevância da busca e práticas de uma pedagogia outra que possibilite múltiplas transformações sociais. Ensejamos ainda, a construção de mais pesquisas, outras produções acadêmicas que galguem as múltiplas possibilidades de ludicidade na educação do campo, as quais possam se configurar como meios comunicativos de emancipações epistemológicas e valorização das singularidades culturais.

Ideias conclusivas

Objetivamos, neste trabalho, analisar os discursos curriculares das produções acadêmicas sobre ludicidade na educação do campo (2015-2018). O corpus de análise contou com quatro dissertações, das quais uma indica discurso curricular tradicional, visto que, na escola pesquisada considera-se a ludicidade como sinônimo de jogos e brincadeiras no início e no final das aulas. Há também uma produção que atesta o discurso curricular crítico, já que a ludicidade é vista como "ato de brincar que favorece e potencializa aprendizagens" (BOITO, 2013, p. 29) e outros dois trabalhos constatam o discurso curricular pós-crítico, à medida que a identificam como processos multidimensionais subjetivos (de cada ser) que geram alegria, satisfação e prazer.

Os achados da dissertação que identificou o discurso curricular tradicional na escola do campo, é comparado às constatações de Negrine (2011) quando estuda as antigas teorias do recreio (SCHILLER, 1875), teoria do descanso (LAZARUS, 1833) e teoria da antecipação funcional (GROSS, 1902), as quais, respectivamente, consideram jogos e brincadeiras apenas como recreação; fazem uso de jogos para descansar de atividades extenuantes; usavam jogos para aquecer o corpo antes das aprendizagens burocráticas fatigantes.

CURRICULARIDADE

A produção que evidencia o discurso curricular crítico deixa evidente que a educação do campo busca nos jogos e brincadeiras o desenvolvimento de aprendizagens que são metas do currículo prescrito. Para Silva, Silva e Martins (2013), a aprendizagem é uma demanda do capital para a formação de mão de obra. Logo, usar jogos e brincadeiras para tal fim é sempre bem-vindo ao sistema, independentemente do lugar em que se aplica.

Os dois trabalhos que constataram discursos curriculares pós-críticos nas escolas do campo mostram que uma parcela do contexto da educação do campo já adota bases curriculares que valorizam as particularidades/subjetividades de cada ser.

Perante o exposto, está evidente que as produções sobre a ludicidade na educação do campo ainda são escassas. Compreendemos que as diferenças conceituais em cada produção, são partes de um todo que é construído na diversidade. Cada escola, cada contexto e sujeito tem suas individualidades, por mais que uma pesquisa, num recorte temporal, identifique um ou mais discursos curriculares, é possível que noutros momentos outros discursos estejam presentes. Assim, as construções sociais vão acontecendo em meio às múltiplas dimensões e complexidades do mundo.

Referências

ARROYO, Miguel Gonzalez. **Outros sujeitos, outras pedagogias**. 2. ed. Petrópolis, RJ: Vozes, 2014.

BETTONI, Gleice. **A construção da leitura mediada por jogos pedagógicos em classe multisseriada**. 2018. Dissertação (Mestrado em Educação) – Programa de Pós-Graduação em Educação, Universidade de Caxias do Sul, Caxias do Sul, 2018.

BARDIN, Laurence. **Análise de Conteúdo**. Lisboa: Edições 70, 1977.

BOITO, Crisliane. **Práticas pedagógicas no/do campo**: experiências de uma escola em interlocução com crianças e famílias. 2017. 184f. Dissertação

(Mestrado em Educação) – Programa de Pós-Graduação em Educação, Universidade Federal do Rio Grande do Sul, Porto Alegre, 2017,

FARRA, Rossano André Dal; LOPES, Paulo Tadeu Campos. Métodos mistos de pesquisa em educação: pressupostos teóricos. **Revista da Faculdade de Ciências e Tecnologias/Unesp**, São Paulo, 2015. Disponível em: http://revista.fct.unesp.br/index.php/Nuances /article/view/2698/2362. Acesso em: 29 jun. 2020.

VOOS, Jordelina Beatriz Anacleto; MOROSINI, Marília da Costa. A Fabricação dos Discursos Sobre a Formação de Professores de Infância No Brasil: Limiar do Século XXI. **Revista Interamericana de Educación de Adultos**, v. 36, n. 2, jul./dez. 2014, p. 8-20. Disponível em: http://repositorio.pucrs.br/dspace/handle/10923/8754. Acesso em: 1 jul. 2020.

FRANCO, Maria Estela Dal Pai; MOROSINI, Marilia Costa. (2011). Cenários da educação superior e qualidade na gestão: desafios para a universidade. *In:* ISAIAS, S. M. de A. (org.). **Qualidade da educação superior**: a universidade como lugar de formação. Porto Alegre: Edipucrs. Série Qualidade da Educação Superior 2.

LOPES, Maria Conceição. Design de Ludicidade. **Revista entreideias**, Salvador, v. 3, n. 2, p. 25-46, jul./dez. 2014. Disponível em: https://portal-seer.ufba.br/index.php/entreideias/article /download/9155/8965. Acesso em: 21 jun. 2020.

LUCKESI, Cipriano. **Ludicidade e atividades lúdicas**: uma abordagem a partir da experiência interna. Salvador, 2005. Disponível em: http://www.luckesi.com.br/artigoseducacao.htm. Acesso em: 8 nov. 2020.

LUCKESI, Cipriano. Ludicidade e formação do educador. **Revista Entreideias**, Salvador, v. 3, n. 2, p. 13-23, jul./dez. 2014. Disponível em: https://rigs.ufba.br /index.php /entreideias /article/view File/9168/8976. Acesso em: 4 jun. 2020.

MANSON, Michael. **História dos Brinquedos e dos Jogos**. Brincar através dos tempos. Lisboa, Portugal: Teorema, 2002.

MIRANDA, Claudia. Das Insurgências e Deslocamentos Intelectuais Negros e Negras: Movimentos Sociais, Universidade e Pensamento Social Brasileiro, Século XX e XXI. **Revista da ABPN**, v. 10, n. 25, p. 329-345, 2018. Disponível em: https://unirio.academia.edu/CMiranda. Acesso em: 26 jun. 2020.

MORIN, Edgar. **Introdução ao pensamento complexo**. Tradução de Eliane Lisboa. 5. ed. Porto Alegre: Sulina, 2015.

MORIN, Edgar. **A cabeça bem-feita**: repensar a reforma, reformar o pensamento. Tradução de Eloá Jacobina. 8. ed. Rio de Janeiro: Bertrand Brasil, 2003.

MOROSINI, Marília Costa; FERNANDES, Cleoni. Estado do Conhecimento: conceitos, finalidades e interlocuções. **Educação Por Escrito**, Porto Alegre, v. 5, n. 2, p. 154-164, jul./dez. 2014.

NEGRINE, Airton. O lúdico no contexto da vida humana: da primeira infância à terceira idade. *In:* SANTOS, Santa Marli Pires dos (org.). **Brinquedoteca**: a criança o adulto e o lúdico. 7. ed. Petrópolis: Vozes, 2011.

PINAR, William Frederic. **O que é teoria do currículo**. Tradução de Ana Paula Barros e Sandra Pinto. Porto: Porto Editora, 2007.

PACHECO, José Augusto; SOUZA, Joana. O (pós) crítico na desconstrução curricular. **Revista Tempos e Espaços em Educação**, São Cristóvão, Sergipe, Brasil, v. 9, n. 18, p. 65-74, jan./abr. 2016.

PACHECO, José Augusto; PEREIRA, Nancy. Estudos Curriculares: das teorias aos projectos de escola. **Educação em Revista**, Belo Horizonte, v. 45. p. 197-221. jun. 2007.

PACHECO, José Augusto. Teoria (pós) crítica: passado, presente e futuro a partir de uma análise dos estudos curriculares. **Revista e-Curriculum**, São Paulo, v. 11 n. 1 abr. 2013. ISSN: 1809-3876 Programa de Pós-Graduação Educação: Currículo – São Paulo - PUC/SP. Disponível em: http://revistas.pucsp.br/index.php/curriculum. Acesso em: 13 jun. 2020.

PASCAL, Blaise. **Pensamentos**. Tradução de Sérgio Milliet. Editor Victor Cívita. Editora Abril Cultural, 1973.

PASSOS, Maria Clara Araújo dos. O currículo frente à insurgência decolonial: constituindo outros lugares de fala. **Caderno de Gênero e Tecnologia**, Curitiba, v. 12, n. 39, p. 196-209, jan./jun. 2019. Disponível em: https://periodicos.utfpr.edu.br/cgt/ article /download/9465/63 27. Acesso em: 26 jun. 2020.

PERES, Erica de Sousa. **Crianças Quilombolas Marajoaras**: saberes e vivências lúdicas. 2018. 200f. Dissertação (Mestrado em Educação) – Universidade do Estado do Pará, Belém, 2018.

PERES GÓMEZ, Angel. **A cultura escolar na sociedade neoliberal**. Porto Alegre: Artes Médicas, 2001.

RIBEIRO, Amanda de Cassia Borges. **Docência com bebês e crianças pequenas na educação infantil**: encontro com a ação de começar-se no mundo. 2017. 92f. Dissertação (Mestrado em Educação) – Universidade de Santa Cruz do Sul, Santa Cruz do Sul, 2017.

ROMANOWSKI, Joana Paulin. **As licenciaturas no Brasil**: um balanço das teses e dissertações dos anos 90. São Paulo: Faculdade de Educação da USP. 2002

SILVA, Dilma Oliveira da. **Crianças que dançam, crianças que louvam**: saberes e processos educativos presentes na Marujada de Tracuateua/PA. Belém, 2017.

SILVA, Tomaz Tadeu da. **Documento de Identidade**: uma introdução às teorias do currículo. 3. ed. 2. Reimp. Belo Horizonte: Autêntica, 2011.

SILVA, Isabel de Oliveira e; SILVA, Ana Paula Soares da; MARTINS, Aracy Alves (org.). **Infâncias do campo**. Belo Horizonte: Autêntica Editora, 2013.

VASCONCELOS, Maria Eliane de Oliveira; ALBARADO, Edilson da Costa. **Identidade Cultural Ribeirinha e Práticas Pedagógicas**. Jundiaí: Paco Editorial, 2015.

O DIREITO SUBJETIVO A EDUCAÇÃO PARA TODOS: A INCLUSÃO DOS EDUCANDOS PCD NA EDUCAÇÃO BÁSICA E A CONSTITUIÇÃO DE UM CURRÍCULO INTEGRADO

Marcio Antonio Raiol dos Santos

Cláudio Narcélio Rodrigues de Araújo

Introdução

A educação básica é direito social público subjetivo fundamental ao cidadão, sendo considerado um bem maior e inerente à dignidade humana. Essa garantia de direito é amparada pela Constituição Federal de 1988 e suas leis complementares. Inclusive, Bobbio (1992) considera os direitos do homem a maior invenção da nossa civilização.

Essa visão de Bobbio sobre os direitos do sujeito como uma das maiores invenções da nossa civilização destaca a essencialidade da garantia do respeito ao direito da pessoa com deficiência a escola de educação básica, como um pilar fundamental para construção de uma sociedade equitativa e justa.

Esse desafio a ser enfrentado pela educação básica diz respeito ao dever de desenvolver uma educação que saiba lidar com as diferenças, valorizando a humanização da escola, que possui a missão de preparar o sujeito para realizar suas próprias leituras da vida, mesmo mediante as suas dificuldades e limitações.

Nesse tocante, assumimos o compromisso de problematizar a função da escola de educação básica e a forma como o currículo está sendo articulado, sugerindo a implementação de um currículo integrado que possibilite um aprendizado para além dos conteúdos, oportunizando a formação a partir de propostas curriculares integradoras, que promovam a integração do conhecimento.

Quanto à estrutura, este capítulo se organiza em três movimentos. O primeiro movimento consiste em retomar algumas definições sobre o itinerário histórico do conceito de deficiência no Brasil. No segundo, analisaremos a educação básica como direito social público subjetivo inerente ao cidadão, seus desdobramentos na utilização de práticas curriculares inclusivas, entendendo que o direito é para todos os cidadãos brasileiros constituído no ordenamento jurídico do Brasil. O terceiro movimento concentra-se, na construção de um paradigma, que a escola, diante da sua função de espaço de garantia de direitos, estabeleça um currículo que não tenha como objetivo principal o desenvolvimento de conteúdos, mas que seja um currículo integrado que valorize as competências, habilidades e que possa promover a formação humana do discente, assegurando uma educação inclusiva, equitativa e de qualidade.

O itinerário histórico da luta pelos direitos da pessoa com deficiência

A história das lutas pelos direitos das pessoas com deficiência perpassou uma longa caminhada de avanços, retrocessos, conflitos, lutas, desigualdades e conquistas. Sem pormenorizar, as pessoas com deficiência já foram consideradas diferentes, receberam olhares depreciativos, tiveram seus direitos constitucionais violados e por muitas vezes seus lugares de falas silenciados, diante das injustiças da sociedade, inclusive com direitos a educação violados (MAZZOTTA, 2001).

Embora a lei maior (BRASIL, 1998) tenha estabelecido a cidadania e a dignidade humana como fundamentos do Estado Democrático de Direito, alinhavando os direitos sociais fundamentais, como "a educação, a saúde, a alimentação, o trabalho, a moradia, o transporte, o lazer, a segurança, a previdência social, a proteção à maternidade e à infância, a assistência aos desamparados" (BRASIL, 1988, Art. 6º), para todos os cidadãos, incluindo as pessoas com deficiência. No entanto, é importante demarcar, que mesmo com tais conquistas na legislatura brasileira, ainda existe um longo caminho a percorrer na busca incessante da efetivação desses direitos sociais fundamentais que devem ser garantidos às pessoas com deficiência.

Contudo, é fundamental conceituarmos juridicamente o conceito de pessoa com deficiência, conforme estabelecido no Brasil, no art. 5º do Decreto n.º 5.296/2004 (BRASIL, 1999):

I - pessoa portadora de deficiência, além daquelas previstas na Lei no 10.690, de 16 de junho de 2003, a que possui limitação ou incapacidade para o desempenho de atividade e se enquadra nas seguintes categorias:

a) deficiência física: alteração completa ou parcial de um ou mais segmentos do corpo humano, acarretando o comprometimento da função física, apresentando-se sob a forma de paraplegia, paraparesia, monoplegia, monoparesia, tetraplegia, tetraparesia, triplegia, triparesia, hemiplegia, hemiparesia, ostomia, amputação ou ausência de membro, paralisia cerebral, nanismo, membros com deformidade congênita ou adquirida, exceto as deformidades estéticas e as que não produzam dificuldades para o desempenho de funções;

b) deficiência auditiva: perda bilateral, parcial ou total, de quarenta e um decibéis (dB) ou mais, aferida por audiograma nas freqüências de 500Hz, 1.000Hz, 2.000Hz e 3.000Hz;

c) deficiência visual: cegueira, na qual a acuidade visual é igual ou menor que 0,05 no melhor olho, com a melhor correção óptica; a baixa visão, que significa acuidade visual entre 0,3 e 0,05 no melhor olho, com a melhor correção óptica; os casos nos quais a somatória da medida do campo visual em ambos os olhos for igual ou menor que 60o; ou a ocorrência simultânea de quaisquer das condições anteriores;

d) deficiência mental: funcionamento intelectual significativamente inferior à média, com manifestação antes dos dezoito anos e limitações associadas a duas ou mais áreas de habilidades adaptativas, tais como: 1. comunicação; 2. cuidado pessoal; 3. habilidades sociais; 4. utilização dos recursos da comunidade; 5. saúde e segurança; 6. habilidades acadêmicas;

7. lazer; e 8. trabalho;

e) deficiência múltipla - associação de duas ou mais deficiências; II - pessoa com mobilidade reduzida, aquela que, não se enquadrando no conceito de pessoa portadora de deficiência, tenha, por qualquer motivo, dificuldade de movimentar-se, permanente ou temporariamente, gerando redução efetiva da mobilidade, flexibilidade, coordenação motora e percepção.

Diante deste panorama jurídico, existe a deficiência física, deficiência auditiva, deficiência visual, deficiência mental, deficiência múltipla, podendo ser congênita ou adquirida. Essas conceituações não tratam de algo especulativo, mas de uma definição da perspectiva da sociedade diante da aceitação e interação das pessoas com deficiência com o mundo social a qual pertencem. A amplitude destas conceituações não pode ser compreendida como sinônimo de limitação, haja vista que todo ser humano possuí alguma espécie de limitação, nesta perspectiva, a pessoa com deficiência deve ser vista como um ser humano que possuí seus direitos assegurados pelo ordenamento jurídico brasileiro, que no seu no artigo 5º estabelece que "todos são iguais perante a lei sem distinção de qualquer natureza, garantindo-se aos brasileiros [...] a inviolabilidade do direito à vida, à liberdade, à igualdade, à segurança e à propriedade..." (BRASIL, 1988). Ainda na Constituição, o artigo 23º assegura que "é competência comum da União, dos Estados, do Distrito Federal e dos Municípios: II - cuidar da saúde e assistência pública, da proteção e garantia das pessoas portadoras de deficiência" (BRASIL, 1988).

É de grande valia ressaltar que, no Brasil, os anseios sociais foram motrizes para a elaboração e fundamentação da legislação, que tomada por uma atmosfera humanística, após o período obscuro da ditadura militar, apresentou à sociedade uma Constituição cidadã, antidiscriminatória, que promove a igualdade, imbuída por um espírito humanitário que busca a garantia dos direitos sociais (LIMA, 2012). Nesse aspecto, a Declaração de Salamanca intensificou as ações que efetivaram uma política inclusiva (DORZIAT; LIMA, 2013). Enquanto a Lei n.º 13.146, de 6 de julho de 2015, é uma coroação legislativa que consolidou os direitos das pessoas com deficiência no Brasil. No liame desse cenário, consideramos que as pessoas com deficiência vieram da incoexistência a coexistência neste contexto de globalização e liquidez da sociedade contemporânea.

Conforme Mazzotta (2003), durante o momento da globalização da economia, da cultura e dos valores, os movimentos sociais organizados defendem a inclusão e buscam eliminar as situações de exclusão. Hoje, como uma forma de combate à exclusão, expressões chulas e depreciativas devem cair em desuso, porém, na Constituição brasileira ainda consta uma redação antiquada e ultrapassada ao se empregar a expressão portador de deficiência, essa forma deverá ser corrigida, pois a deficiência não é um peso, uma carga, uma bagagem que se carrega de um lado para outro. Assim como o emprego do termo pessoas com necessidades especiais é uma expressão ampla, pois ao analisarmos o termo especial, de acordo com Junior e Martins (2010), é uma categoria que possuí um eufemismo que não representa a luta pela inclusão e equiparação dos direitos sociais. Convém enfatizar, que o termo especial é uma expressão genérica que pode ser atribuída a qualquer pessoa, uma mulher grávida pode ser especial, a mãe ou o pai são especiais, um idoso, uma criança, um amigo pode ser especial, assim, as pessoas com deficiência não procuram apenas ser "especiais", mas buscam diante das lutas políticas o papel de ser cidadão, para gozar de todos os fatores legais que a cidadania oferece ao sujeito.

Assim como a expressão "portador de deficiência" é um termo em desuso, pois a deficiência não é um objeto que se porta, algo que se tira ou coloca, um acessório, não se pode evidenciar a deficiência em detrimento ao indivíduo, a deficiência é intrínseca à pessoa, é algo que faz parte da sua vida, e jamais podem ser empregados conceitos ou termos que remetam a malefícios, danos ou prejuízos. Portanto, o termo adotado para se referir a esse grupo social, na contemporaneidade, é pessoa com deficiência (PCD), empregada pela ONU no ano de 2006, que representa o que a pessoa é, sua humanidade, identidade e representatividade, na busca de diminuição do estigma causado pela deficiência (JUNIOR; MARTINS, 2010). Ademais, a mídia a partir das manchetes em jornais, canais de televisão, campanhas institucionais, é capaz de potencializar a conscientização social da temática, assim como disseminar a popularização de conceitos e expressões errôneas. Vale ressaltar que a popularização e consolidação de expressões para o tratamento das pessoas com deficiência é o reconhecimento de uma classe de minoria, referindo-se a seres humanos dignos de formas de tratamento e igualdade, cabendo a obrigação das políticas públicas e da sociedade a aceitação, inserção, respeito e garantia de direito às pessoas com deficiência.

Diante das obrigações públicas, conforme Cury (2002, p. 170) "a educação básica torna-se, dentro do art. 4º da Lei de Diretrizes e Bases da Educação Nacional (LDB), um direito do cidadão à educação e um dever do Estado em atendê-lo mediante oferta qualificada." Desse modo, é necessário trazer para discussão a oferta da educação básica como direito subjetivo inerente à pessoa com deficiência e os desdobramentos da escola na oferta dessa educação a partir da inclusão e equidade.

A escola de educação básica inclusiva como espaço de direito ao educando PCD

Diante da educação básica como direito subjetivo, é preciso se atentar ao fato de que a escola é o espaço de proteção a esse direito social público subjetivo, no entanto, problematizamos a função que a escola está assumindo, afinal, o direito subjetivo a educação é para todos, mas a escola é para quem? Partindo da premissa, que:

> O direito à educação parte do reconhecimento de que o saber sistemático é mais do que uma importante herança cultural. Como parte da herança cultural, o cidadão torna-se capaz de se apossar de padrões cognitivos e formativos pelos quais tem maiores possibilidades de participar dos destinos de sua sociedade e colaborar na sua transformação. Ter o domínio de conhecimentos sistemáticos é também um patamar sine qua non a fim de poder alargar o campo e o horizonte destes e de novos conhecimentos. (CURY, 2007, p. 486).

Atualmente, as políticas públicas brasileiras estabelecem o direito à educação para todos, colaborando e aspirando para uma sociedade humana e justa. Nesse sentido, é percebido que o direito à educação básica para pessoas com deficiência é uma condição *sine qua no*. Conforme Cury (2002), educação básica, nos textos legais, praticamente pelo mundo todo, é um acesso garantido aos seus cidadãos, devido a sua dimensão que dá fundamentos à cidadania, princípio indispensável para políticas participativas e reinserção no mundo do trabalho.

Diante das movimentações internacionais e nacionais sobre o processo de escolarização, a legislação brasileira é concernente à promoção da educação como um direito garantido tanto para aprendentes sem deficiência (PSD) como os com deficiência (PCD). Assim, a educação básica vai além de uma exigência, é um valor político e social garantido a todos os cidadãos, sendo um espaço que não perderá e nunca poderá perder sua atualidade e importância para o país (CURY, 2002).

O estatuto das pessoas com deficiência assegura:

> Art. 27. A educação constitui direito da pessoa com deficiência, assegurados sistema educacional inclusivo em todos os níveis e aprendizado ao longo de toda a vida, de forma a alcançar o máximo desenvolvimento possível de seus talentos e habilidades físicas, sensoriais, intelectuais e sociais, segundo suas características, interesses e necessidades de aprendizagem. (BRASIL, 2015, s/p)

O direito social público subjetivo de a pessoa com deficiência ter acesso à educação básica é uma conquista e já faz parte do contexto educacional do Brasil. Com base no censo de 2011 a 2021, é possível observar um crescimento significativo na matrícula, conforme mostra o gráfico:

Gráfico 1 – Matrículas dos educandos PCD no ensino regular da educação básica

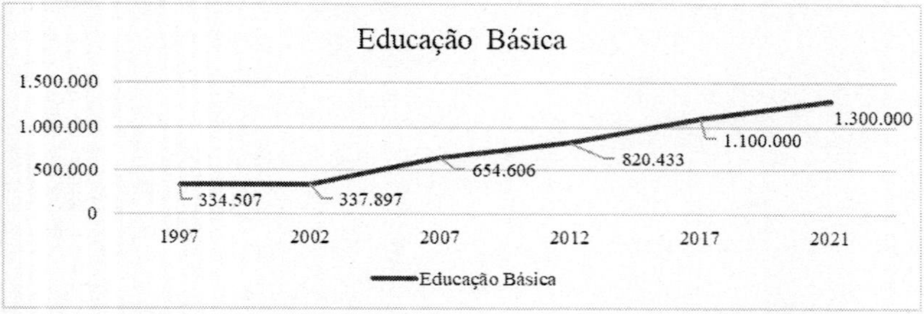

Fonte: elaborado pelos autores, com base nos resultados da estatística do censo escolar de 1997 a 2021

Analisando o gráfico que apresenta o crescimento do ingresso dos educandos PCD matriculados na educação básica, após a promulgação da LDB, é possível aferir que esse crescimento não se dá devido nascimento em massa de pessoas com deficiência, mas ao fato que as pessoas com deficiência começaram fazer valer seus direitos, saíram das margens de uma sociedade excludente e passaram a assumir seus lugares dentro da escola. O Ministério da Educação e Cultura (MEC) (2008) justifica esse crescimento devido ao reflexo das implementações de políticas inclusivas que integram programas que estabelecem desde a adaptação da acessibilidade das unidades escolares, o estabelecimento de salas multifuncionais, até a formação continuada de professores da educação especial.

É de grande valia ressaltar que, mesmo mediante ao crescimento das matrículas das pessoas com deficiência no decurso da educação básica, é possível compreender, ao longo dessa pesquisa, que o percurso escolar, de ingresso e permanência desse cidadão nos espaços

CURRICULARIDADE

escolares, não foi fácil, levando em consideração que as unidades educativas espalhadas em todo o Brasil precisam estar conscientes que é direito do PCD não só o acesso à educação, mas são necessárias práticas curriculares inclusivas na busca do desenvolvimento pleno do discente para a garantia do seu acesso e permanência, pois a escola deve atuar como espaço protetivo ao direito do ser humano.

Nessa perspectiva, para Bobbio (1992, p. 14) "era dos direitos, está aflorada, mas não aprofundada". Existe uma mobilização social acerca da educação inclusiva da pessoa com deficiência. Essa causa passou a ser a inquietação de vários pesquisadores, universidades, pensadores, estudiosos, professores e até do governo, mesmo mediante a uma base de sistema capitalista, conforme Santos (2010), com tendências excludentes, características sombrias e ideologias neoliberais disseminadas, impostas e adotadas pelo Brasil. Se hoje ainda discutimos inclusão, é porque as ramificações sociais da exclusão ainda possuem fortes raízes na sociedade do século 21.

Para Santos (2010), a exclusão social é um problema antigo que está impregnado na história da formação social do brasileiro, desde a colonização exploratória, por isso, é necessário a formulação de políticas públicas a fim de garantir a inclusão da população, por meio de ações do estado e mecanismos do mercado. Deste modo, é de grande importância que a escola promova a inclusão, na busca do desenvolvimento pleno da pessoa com deficiência, superando o desfocado modelo segregador das escolas de outrora. Contudo, conforme Mantoan (2012), o ensino escolar, em qualquer ponto do território do Brasil, em grandes parcelas de escolas públicas e inclusive particulares independentemente do nível/etapa da educação básica, ainda está fechado aos educandos com deficiência. Diante deste cenário, os avanços que houve ainda não deram conta de promover de forma efetiva, em cada município dos estados brasileiros, a oferta da educação básica de qualidade, ampliação do acesso e permanência dos aprendentes (sejam PSD ou PCD), partindo de uma concepção "de eficácia escolar que inclui qualidade e equidade de resultados, além de desenvolvimento integral" (TRAVITZKI, 2017, p. 28).

Para Mantoan (2006, p. 191), "a inclusão escolar tem sido mal compreendida". É importante destacar a larga diferença entre integrar o educando e efetivar a sua inclusão. Manter um sujeito em sala de aula, como um ato integrador, não é suficiente para garantir o aprendizado, os escolares não aprendem de forma igual, o aprendizado é dinâmico, cada ser humano se desenvolve a seu tempo. É preciso que a escola, ao receber a pessoa com deficiência, possa oferecer uma educação inclusiva, rompendo com as amarras da escola segregadora e tradicional.

É importante frisar que a escola de educação básica não pode ser homogeneizadora, as construções sociais de uma sociedade sólida não se sustentam diante da sociedade líquida contemporânea (BAUMAN, 2001). Vale ressaltar que a solidez da sociedade é uma cultura de forma definida, imutável, previsível, controlável, estável, sem aberturas, duradoura. No século 21, é possível observar que "o derretimento dos sólidos levou à progressiva libertação da economia de seus tradicionais embaraços políticos, éticos e culturais" (BAUMAN, 2001, p. 9). Na atualidade, a modernidade, assim como o líquido, tem a capacidade de refazer os moldes diferentes da sociedade tradicional, o mundo está em constante mudança, as relações não são duradouras ou rígidas neste conceito de modernidade líquida de Bauman. Nessa perspectiva de mudanças e a realidade escolar dinâmica, é preciso criar paradigmas educacionais que possam garantir a inclusão não só como moda do século ou um discurso político, mas um direito garantido ao PCD.

Oferecer a inclusão na escola é oportunizar "um espaço de todos, no qual os aprendentes constroem o conhecimento segundo suas capacidades, expressam suas ideias livremente, participam ativamente das tarefas de ensino e se desenvolvem como cidadãos, nas suas diferenças" (ROPOLI, 2010, p. 8). Para Pacheco (2006), a inclusão nas escolas possuí como noção central aceitar o educando como ele é, encorajando a interação social com os colegas e a participação efetiva nas atividades regulares, a partir de uma política escolar que promova esse pensamento.

Desse modo, é necessário que seja oferecido ao PCD, na escola, uma educação que respeite "à autonomia e à dignidade de cada"

CURRICULARIDADE

(FREIRE, 2000, p. 66), no sentido de "saber que devemos respeito à autonomia e à identidade do educando exige de mim uma prática em tudo coerente com este saber" (FREIRE, 2000, p. 67). Uma escola que promove a inclusão compreende a incompletude do sujeito, prevendo um currículo que seja vivido na sua essência, buscando preencher as necessidades e proporcionar o bem-estar do discente, estimulando-o a construir seu aprendizado de forma crítica e participativa na sociedade. Conforme Freire (2005, p. 70) "a educação como prática da liberdade, ao contrário daquela que é prática da dominação, implica na negação do homem abstrato, isolado, solto, desligado do mundo, assim também na negação do mundo como uma realidade ausente dos homens".

A atuação das escolas na inclusão precisa vencer as barreiras impostas pela exclusão, um cidadão com deficiência diante das suas especificidades, se faz necessário um desdobramento da escola e de seus profissionais, na busca por uma a ação contínua na educação básica que vise promover a cidadania, empatia e desenvolvimento educacional humano. Conforme Freire (2000, p. 367) "desrespeitando os fracos, enganando os incautos, ofendendo a vida, explorando os outros, discriminando os índios, o negro, a mulher, não estarei ajudando meus filhos a serem sérios, justos, e amorosos da vida e dos outros". Portanto, a partir da educação básica podemos almejar uma sociedade melhor, justa e com princípios de equidade.

Para oferecer a equidade de ensino é preciso buscar formas de o conhecimento ser capaz de alcançar a todos, considerando as diferenças e disparidades das subjetividades humanas. A equidade é uma construção que exige do professor uma prática curricular inclusiva e muito bem planejada, pois, conforme Freire (2000, p. 25), "ensinar não é transferir conhecimento, mas criar possibilidades para a sua produção ou a sua construção". Dessa maneira, é preciso compreender que a prática curricular precisa ser realizada na perspectiva da inclusão. Assim, iremos, a seguir, tratar de forma específica sobre as práticas curriculares e a constituição de um currículo integrado que busque potencializar o desenvolvimento do educando PCD.

A prática curricular inclusiva e o currículo integrado como potenciador do desenvolvimento do educando PCD

É preciso pensar em fazer uma educação básica que esteja alinhada aos padrões mínimos de qualidade de ensino, como é assegurado no artigo 4º da LDB. Embora para trazer o conceito da efetivação de qualidade seja desafiador e muito complexo devido a perspectiva polissêmica desse conceito histórico, que se altera no espaço e tempo devido as demandas de exigências sociais (DOURADO, 2009). Porém, para discutir educação básica para todos, de forma inclusiva e equitativa, é vital trazer a ideia de uma educação de qualidade.

Frente a essa questão, com o intuito de transformar o mundo, a agenda 2030 estabeleceu 17 objetivos de desenvolvimento sustentável, dentre as metas do quarto objetivo, o 4.5 busca eliminar as disparidades de gênero na educação e garantir a igualdade de acesso a todos os níveis de educação e formação profissional para os mais vulneráveis, incluindo as pessoas com deficiência, povos indígenas e crianças em situação de vulnerabilidade (ONU, 2015). Nesse contexto, eliminar essas disparidades é se pensar em uma escola que ofereça uma educação para todos, a partir de práticas curriculares inclusivas que valorize a formação humana do sujeito em processo de desenvolvimento educacional.

A prática curricular inclusiva é uma ação que exige um desdobramento do professor no chão da escola, não como uma ideia salvacionista cabendo a ele a responsabilidade de resolver a todos os problemas pedagógicos, mas na perspectiva de conscientização, de sempre estar envolvido em formações continuadas, da necessidade de criar e intervir em situações que promovam a aprendizagem, interação e inclusão do PCD na sala de aula regular, a partir da concepção de igualdade e equidade na oferta da educação. Na perspectiva de Freire (1991), ser professor não é uma vocação, que a pessoa dorme e acorda sendo um professor, ou simplesmente acontece como uma metamorfose, para ser um professor é necessário se formar, se fazer, uma prática que envolve reflexão permanente.

CURRICULARIDADE

Ser professor é um exercício de reflexão. "A prática curricular inclusiva é uma ação reflexiva e de observação, considerando que, a inclusão também se legitima, porque a escola, para muitos alunos, é o único espaço de acesso aos conhecimentos" (MANTOAN, 2003, p. 31). Por isso, conforme Mesquita (2013), a organização e estrutura escolar não são suficientes para o desenvolvimento da aprendizagem do educando com deficiência na classe regular, é preciso haver alteração na prática curricular.

Além de uma prática curricular inclusiva que seja planejada, reflexiva, crítica e capaz de possibilitar o aprendizado, é imprescindível ter um olhar ao currículo que será ofertado na educação básica. Para Sacristán (2013), currículo é o instrumento que estrutura a escolarização, a vida na escola e as práticas pedagógicas, ele ordena o tempo escolar, os níveis e tipos de exigências, determinando todos os elementos do processo de aprendizagem.

A oferta da educação básica para PCD deve romper com o ensino tradicional e bancário. Segundo Freire (2005), quando o professor se coloca na posição de apenas depositar excesso de informações durante uma aula para ser melhor, está tornando a educação um ato bancário, pois ele acredita que seus educandos, como depositórios, só serão melhores quanto mais memorizar os ensinamentos.

Na educação básica é desinteressante ao educando PCD ter contato com conteúdo desarticulado com a realidade e sem contextualização com suas vivências. O aprendizado deverá ser significativo e dialogar com a realidade desse sujeito, dessa forma, o ensino deve instigar e desenvolver, segundo Fazenda (1998, p. 18), "a capacidades de sonhar, brincar, perguntar, vivenciar, significar, ressignificar, imaginar, ouvir, intuir, sentir, aplicar, fascinar, apaixonar, indiscriminar, esperar, partir, relacionar, observar."

A Lei de Diretrizes e Bases da Educação Nacional (BRASIL/ MEC, 1996), assegura que o currículo deve ser ajustado as singularidades do sujeito. Neste sentido, o currículo integrado possuí à prioridade em atender as necessidades do educando (SANTOMÉ, 1998). O conteúdo ensinado na sala de aula regular não pode ignorar, aniquilar ou marginalizar as diferenças no processo, o educando PCD precisa ser olhado como um aprendiz em potencial e capaz de interpretar o mundo e alcançar resultados surpreendentes, mesmo mediante aos seus déficits cognitivos (MANICA; MACHADO, 2012)

A escola de educação básica deve oferecer um currículo que seja capaz de aguçar as potencialidades do PCD, promovendo possibilidades de reverter as limitações da pessoa com deficiência em superações. Para Adorno (1967), é preciso que o aprendizado eficiente seja acessível para o outro que é diferente, por isso a educação não pode ser uma mera receita. Diante dessas considerações, o currículo integrado apresenta esse potencial e, de acordo com Santomé (1998), é uma construção da interdisciplinaridade em grande volume e contempla uma compreensão global do conhecimento. Para Lopes (2008, p. 39), "O currículo integrado é defendido como forma de organização do conhecimento escolar capaz de garantir a melhoria do processo de ensino-aprendizagem e/ou o estabelecimento de relações menos assimétricas entre os saberes e os sujeitos no currículo.".

É de grande valia ressaltar, que a utilização do currículo integrado não deverá segregar os educandos PCD, mas será utilizado na educação básica contemplando a todos os educandos. "Pois o currículo integrado organiza o conhecimento e desenvolve o processo de ensino aprendizagem de forma que os conteúdos sejam aprendidos como sistema de relações de uma totalidade concreta que se pretende explicar/compreender" (RAMOS, 2012, p. 117). Diante disso, o currículo integrado é um potencializador do aprendizado, devido a sua proposta buscar um diálogo com os campos do conhecimento científico, colaborando para a formação humana do PCD. Propostas que o ensino disciplinar (focado no isolamento das disciplinas) não oferece.

É preciso romper com o paradigma que só existe a opção de currículo disciplinar, a organização integrada permite que as áreas do conhecimento se entrelacem, se reforcem e se complementem para contribuir de forma eficaz para construção do conhecimento, hábitos, conceitos, habilidades, valores, atitudes. Pensar em um currículo como uma forma de organização do conhecimento precisa conduzir o PCD a se sentir como parte do seu processo cognitivo e que está em pleno desenvolvimento educacional, de seu preparo para o exercício da cidadania e de sua qualificação para o trabalho, conforme assegurado pelo artigo 2º da LDB.

É válido destacar que o currículo integrado possuí como uma das suas principais referências à utilidade social, buscando atender as necessidades do educando, ampliando a compreensão da sociedade a qual fazem parte, contribuindo para o desenvolvimento de aptidões, sociais e técnicas, afim de posicionar o aprendente como uma pessoa autônoma, crítica, democrática e solidária (SANTOMÉ, 1998), conceito curricular que se articula com uma das finalidades da LDB, prevista no artigo 35º, que é o aprimoramento da pessoa humana.

Para fazer e pensar em uma educação que tenha como foco a formação humana, a escola tem uma importante função, resgatar as complementariedades e incompletudes das relações humanas, aspirando e assentindo a consciência da valorização da pessoa na essência de ser humano. Conforme, Santomé (1998), para o alcance dessas metas é preciso questões que se encontram para além dos limites convencionais dos componentes curriculares, mas que estão no centro das atenções da sociedade, estão relacionadas às problemáticas de desemprego, corrupção, drogas, entre outros assuntos que não estão inseridas no currículo desses componentes curriculares.

Diante desse aspecto, é entender que mesmo que a escola seja limitada pelos muros que a cercam, deve se pensar em currículo que ultrapasse esses muros de limitação, a fim de fazer o sujeito, entender, segundo Freire (2000), sua presença no mundo, pois na escola passará apenas um momento, mas que seja um momento autenticamente vivido.

Cabe ressaltar que o currículo integrado prevê o respeito às necessidades, interesses e aos ritmos de desenvolvimento pedagógico de cada educando (SANTOMÉ, 1998). Essa proposta de integração curricular oferecida na educação básica não deve ser uma proposta curricular isolada apenas aos educandos PCD. Pelo contrário, é uma proposta que, ao ser desenvolvida na educação básica, irá perpassar por todo o ensino regular e as modalidades de ensino. É válido saber que existem diversas formas de organização curricular, o ensino por disciplina não é única alternativa de promover conhecimento, antes de qualquer tomada de decisão e elaboração de um currículo escolar, é necessário uma análise e reflexão sobre os possíveis efeitos e consequências pelas quais se decide.

Considerações finais

Os educandos PCD, durante todo o seu itinerário histórico, possuem uma trajetória que evidencia a superação de estigmas, entraves e conquistas que permitiram a saída das margens da sociedade para ocupar seus lugares de direitos, como o acesso à educação básica. Considerando que os avanços inerentes ao direito à educação dos grupos que um dia já foram excluídos das oportunidades escolares, como as pessoas com deficiência, as pessoas negras, LGBTQIA+, mulheres, pessoas do campo, indígenas, foi um processo de construção, lutas em busca da equiparação dos direitos sociais a todo cidadão. Porquanto, as discussões científicas, políticas e sociais relacionadas às pessoas com deficiência e seus lugares de fala na sociedade estão sendo de grande relevância e ocasionaram modificações significativas nas legislações, concepções e práticas pedagógicas.

Ao que concerne o direito à educação básica, a inclusão é fundamental, pois proporciona ao aprendente condições de desenvolvimento para uma formação cidadã, construção de uma identidade sociocultural, oportunidades de viver a vida na sua plenitude, com dignidade, liberdade, sem preconceitos e barreiras.

A análise neste estudo teórico acerca da inclusão do educando PCD na educação básica possibilitou um olhar ampliado sobre a importância das práticas curriculares inclusivas como forma de oferecer igualdade, equidade à aprendizagem, possibilidades na sua inserção na sociedade como um sujeito participante e ativo no seu convívio social. Enquanto o estudo bibliográfico do currículo integrado concatena com a reflexão da potencialização do desenvolvimento das habilidades e capacidades dos sujeito, oportunizando um diálogo com vários campos do saber.

Portanto, a escola de educação básica tem a função de alcançar a todos, pois é um espaço de valorização do conhecimento e tem função de proteção ao direito do cidadão PCD. Diante da sua atuação fundamental no convívio social, deve se objetivar desenvolver práticas curriculares que favoreçam a formação humana, assim como preparem o educando para o convívio social, por meio de um currículo integrado que auxilie no desenvolvimento das diversas aptidões sociais e técnicas dos aprendentes em formação escolar.

Essa reflexão ainda é breve, porque existe a precisão de mais discussões a respeito da inclusão do cidadão PCD na educação básica e a constituição de um currículo integrado. Essa temática jamais poderá se esgotar, fica claro que novos estudos e pesquisas precisam ser realizados, pois não podemos parar de pensar na inclusão das pessoas com deficiência.

Referências

ADORNO, Theodor Ludwig Wiesengrund. **Educação e emancipação**. Rio de Janeiro: Paz e Terra. 1967.

BAUMAN, Zygmunt. **Modernidade líquida**. Rio de Janeiro: Editora Zahar. 2001.

BOBBIO, Norberto. **A era dos direitos**. Rio de Janeiro: Elsevier. 2004.

BRASIL. **Lei de Diretrizes e Bases - LDB - Lei n.º 9394/96, de 20 de dezembro de 1996.** Estabelece as Diretrizes e Bases da Educação Nacional. Brasília: MEC, 1996.

BRASIL. **Constituição Federal**. Brasília, DF: Senado Federal, 1988

BRASIL. **Decreto 3.298, de20 de dezembro de 1999**. Regulamenta Lei 7.853 de 24 de outubro de 1989. Dispõem sobre a política nacional para integração do portador de deficiência.

BRASIL. **Lei n.º 13.146, de 6 de julho de 2015**. Institui a Lei Brasileira de Inclusão da Pessoa com Deficiência (Estatuto da Pessoa com Deficiência).

BRASIL. Ministério da Educação (2008). **Política de educação inclusiva**. Brasília, MEC/SEF. Disponível em: http://portal.mec.gov.br/politica-de--educacao-inclusiva. Acesso em: 23 dez. 2022.

CURY, Carlos Roberto Jamil. A Educação Básica No Brasil. **Educação Sociedade**, Campinas. v. 23, n. 80. 2002

CURY, Carlos Roberto Jamil. A gestão democrática na escola e o direito à educação. **Revista Brasileira de Política Educacional**, Belo Horizonte, v. 23, n. 3, p. 483-495, set./dez. 2007.

CURY, Carlos Roberto Jamil. **Direito à educação: direito à igualdade, direito à diferença**. Cadernos de Pesquisa, São Paulo, n. 116, p. 245-262, jul. 2002.

DORZIAT, Ana; LIMA, Maria Betânia Barbosa de Silva. Cenas do cotidiano nas creches e pré-escolas: um olhar sobre a prática de inclusão. *In:* REUNIÃO NACIONAL DA ANPED, v. 36. Goiânia, 2013.

DOURADO, Luiz Fernandes; OLIVEIRA, João Ferreira. De a qualidade da educação: perspectivas e desafios. **Cad. Cedes.**, Campinas, v. 29, n. 78, 2009.

FAZENDA, Ivani (org.). **Didática e Interdisciplinaridade**. 6. ed. Campinas: Papirus, 1998.

FREIRE, Paulo. **A Educação na Cidade**. São Paulo: Cortez, 1991.

FREIRE, Paulo. **Educação como prática de liberdade**. Rio de Janeiro: Paz e Terra, 2013.

FREIRE, Paulo. **Pedagogia da autonomia**: saberes necessários à prática educativa. 50. ed. Rio de Janeiro: Paz e Terra, 2000.

FREIRE, Paulo. **Pedagogia da Indignação**: cartas pedagógicas e outros escritos. São Paulo: Unesp, 2000.

FREIRE, Paulo. **Pedagogia do Oprimido**. 48. ed. Rio de Janeiro: Paz e Terra, 2005.

INSTITUTO NACIONAL DE ESTUDOS E PESQUISAS EDUCACIONAIS ANÍSIO TEIXEIRA (INEP). **Censo Escolar, 2022**. Brasília: MEC, 2022.

Disponível em: https://www.gov.br/inep/pt-br/areas-de-atuacao/pesquisas-
-estatisticas-e-indicadores/censo-escolar/resultados. Acesso em: 14 dez. 2022

JUNIOR, Lanna; MARTINS, Mário Cléber. **História do Movimento Político das Pessoas com Deficiência no Brasil**. Brasília: Secretaria de Direitos Humanos. Secretaria Nacional de Promoção dos Direitos da Pessoa com Deficiência, 2010.

LIMA, Aline Cristina Bezerra Leite Carvalho. A inclusão social das pessoas com deficiência como efeito da efetivação do princípio da dignidade da pessoa humana: análise no plano normativo. **Revista Controle - Doutrina e Artigos**, Ceará, v. 10, n. 2, p. 355-372, 2012.

LOPES, Alice Casimiro; MACEDO, Elizabeth. **Teorias De Currículo**. São Paulo: Cortez, 2011.

MANICA, Vanda Rita Cerezer; MACHADO, Dionéia Lang. A aprendizagem do aluno com deficiência cognitiva moderada no ensino regular. **Unoesc & Ciência** – ACHS, Joaçaba v. 3, n. 2, p. 153-164, 2012

MANTOAN, Maria Teresa Eglér. Igualdade e diferenças na escola: como andar no fio da navalha Educação. **Revista do Centro de Educação**, v. 32, n. 2, 2006.

MANTOAN, Maria Teresa Égler. Inclusão escolar: caminhos, descaminhos, desafios, perspectivas. **Unoesc & Ciência** – ACHS, Joaçaba, v. 3, n. 2, 2012

MANTOAN, Maria Teresa Égler. **O que é? Por quê? Como fazer?** 1. ed. São Paulo: Moderna, 2003

MAZZOTTA, Marcos José da Silveira; D'ANTINO, Maria Eloísa Famá. Inclusão Social de Pessoas com Deficiências e Necessidades Especiais: cultura, educação e lazer. **Saúde Sociedade**, São Paulo, v. 20, n. 2, p. 377-389, 2011.

MAZZOTTA, Marcos José Silveira. **Educação Especial no Brasil**: história e políticas públicas. São Paulo: Cortez, 2001.

MAZZOTTA, Marcos José Silveira. Identidade dos alunos com necessidades educacionais especiais no contexto da política educacional brasileira. Rio de Janeiro **Movimento**: Revista de Educação da Universidade Federal Fluminense, 2003.

MESQUITA, Amélia Maria Araújo. **Os elementos de inclusividade na prática curricular de uma professora**: uma análise a partir da cultura escolar. Tese (Doutorado em Educação) - Universidade Federal do Pará, Instituto de Ciências da Educação, Programa de Pós-Graduação em Educação, Belém, 2013.

ONU, Nações Unidas Brasil. **Agenda 2030 para o Desenvolvimento Sustentável**. 2015. Disponível em: https://brasil.un.org/pt-br/sdgs. Acesso em: 18 dez. 2022.

PACHECO, José *et al.* **Caminhos para a inclusão**: um guia para o aprimoramento da equipe docente. Rio Grande do Sul: Artmed Editora Ltda. 2006.

RAMOS, Marise. Possibilidade e desafios na organização do currículo integrado. *In:* FRIGOTTO, Gaudêncio; CIAVATTA, Maria; RAMOS, Marise (org.). **Ensino Médio Integrado**: concepção e contradições. 3. ed. São Paulo, 2012

ROPOLI, Edilene Aparecida *et al.* **A Educação Especial na Perspectiva da Inclusão Escolar**: a escola comum inclusiva. Brasília: Ministério da Educação, Secretaria de Educação Especial; Fortaleza: Universidade Federal do Ceará, v. 1. 2010.

SACRISTÁN, J. Gemeno. **Saberes e incertezas sobre o currículo**. São Paulo: Penso, 2013

SANTOMÉ, Jurjo Torres. **Globalização e interdisciplinaridade**: o currículo integrado. Porto Alegre: Editora Artes Médicas. 1998.

SANTOS, Eliane Carvalho dos. **A reestruturação capitalista e sua lógica excludente**. Departamento de Geografia da FCT/Unesp, Presidente Prudente, n. 10, v. 2, 2010.

TRAVITZKI, Rodrigo. Qualidade com Equidade Escolar: obstáculos e desafios na educação brasileira. **Revista Iberoamericana sobre Calidad**, Eficacia y Cambio en Educación, Madrid: Reice, 2017

TRIVIÑOS, Augusto Nibaldo Silva. **Introdução à pesquisa em ciências sociais**. São Paulo: Atlas, 1987.

INOVAÇÃO EDUCACIONAL: SIGNIFICADOS E EXPERIÊNCIAS NA EDUCAÇÃO FÍSICA

Carlos Afonso Ferreira dos Santos

Introdução

Na Educação Física, a inovação, enquanto conceito e fenômeno, responde a uma necessidade de avanço em relação à tendência da tradição que permeou a área no espaço escolar (ALMEIDA, 2017). "Integrada à proposta pedagógica da escola", como sinalizou a Lei de Diretrizes e Bases da Educação Nacional - LDB (BRASIL, 1996) ao organizar a educação brasileira, a Educação Física se transformou em componente curricular obrigatório com a Lei n.º 10.328, de 12 de dezembro de 2001, incitando um movimento de mobilização teórica em torno de seu objeto e a reflexão fundamentada referente a novas práticas no espaço escolar.

Para Maldonado e Silva (2017), a LDB rompeu com outra tendência, dessa vez relacionada ao pensamento sobre a prática pedagógica da Educação Física, pois se anteriormente à lei o objetivo da disciplina era melhorar a aptidão física dos alunos, depois dela passou a ser outro. De acordo com os autores, na escola contemporânea, os novos objetivos do componente precisariam ser revistos para responder aos objetivos educativos expressos nos projetos pedagógicos dessas instituições.

Na Amazônia paraense, a Escola de Aplicação da Universidade Federal do Pará (Eaufpa), ao se apresentar como uma instituição federal com proposições inovadoras, segundo seu projeto pedagógico (ESCOLA DE APLICAÇÃO DA UFPA, 2017), alerta para a possibilidade de construção de experiências da mesma natureza pelos componentes curriculares da escola, em especial a Educação Física.

Com base nisso, esta pesquisa tem por objetivo analisar significados de inovação em Educação Física, a partir do olhar de quatro docentes, além de refletir sobre experiências pedagógicas relatadas pelos sujeitos atuantes na Eaufpa. Ao fazê-lo, adentra no campo das práticas pedagógicas reais discursadas pelos sujeitos que fazem o cotidiano da instituição investigada.

Discutir o pensamento de professores de Educação Física sobre as práticas que desenvolvem segundo o conceito de inovação é relevante, pois legitima o discurso da ação curricular, necessário no ambiente escolar. Além de traduzir o que fazem, esse discurso estimula o repensar daquilo que praticam e almejam realizar na ação educativa para atingir os objetivos de escolarização da Educação Física escolar: a apropriação (com excelência), pelos estudantes, dos saberes e fenômenos do universo cultural desse campo do conhecimento.

Encaminhamentos metodológicos

Adotando características da investigação qualitativa apontadas por Bogdan e Biklen (2013) e analisadas por Triviños (2015), podemos defini-la quanto a seu caráter naturalístico, na qual a fonte dos dados é o ambiente natural onde se pretende introduzir o pesquisador, de modo que os significados de um fenômeno investigado emerjam da percepção que sujeitos possuem desse mesmo fenômeno em determinado contexto.

A presente pesquisa possui abordagem qualitativa, tendo a Eaufpa como lócus fonte dos dados descritivos recolhidos, a partir do qual visamos alcançar evidências minuciosas, travestidas em significados, das percepções dos sujeitos investigados sobre a inovação na Educação Física escolar.

A abordagem qualitativa de pesquisa com característica naturalística subsidia a investigação desenvolvida, pois, conforme Bogdan e Biklen (2013), o campo se trata de locais onde os sujeitos da pesquisa exercem suas tarefas cotidianas, sendo tais locais o objeto de estudo do investigador. Em nosso caso, a Eaufpa como espaço de trabalho

CURRICULARIDADE

de quatro professores de Educação Física. Na pesquisa, esses sujeitos são identificados como P1, P2, P3 e P4.

A ida a campo teve como procedimento de coleta de dados a entrevista semiestruturada. A entrevista representa, para Ludke e André (2013), um dos instrumentos básicos para a coleta de dados nas pesquisas qualitativas, a qual proporciona, de modo mais profícuo, um importante caráter de interação entre alguém que pergunta e outro que responde. Isto possibilita um aprofundamento de pontos levantados acerca do objeto de investigação. A entrevista realizada com docentes contou com questões relacionadas às suas percepções sobre inovação em Educação Física, bem como sobre as práticas concebidas como inovadoras em suas ações pedagógicas.

Para nossos propósitos na entrevista realizada, a possibilidade de aprofundamento do objeto lançado em investigação resultou do interesse pela análise das percepções docentes sobre a inovação em Educação Física e como ela se manifesta nas práticas pedagógicas que desenvolvem no currículo da Eaufpa. As mesmas percepções foram obtidas a partir dos relatos dos sujeitos pesquisados, mediante a exposição do que pensam, sabem, representam, fazem e argumentam (SEVERINO, 2018).

Como cuidados éticos, estiveram presentes o zelo e respeito aos sujeitos pesquisados. Conforme indicado por Ludke e André (2013), o respeito em questão envolveu, na pesquisa, a marcação de um espaço (virtual) e horário de acordo com sua conveniência para a realização da entrevista, assim como garantia de anonimato. Além disso, de modo a cumprir com exigências éticas, procedemos a entrega de termo de consentimento que apresentava os propósitos da pesquisa e as condições de sua participação.

A análise dos dados recolhidos em campo ocorreu mediante tratamento dado às mensagens emitidas pelos sujeitos da pesquisa sobre a inovação na Educação Física e nas práticas que desenvolvem. Uma vez descrito seus conteúdos, o passo seguinte foi a proposição de inferências no processo de interpretação. Com base nisso, na perspectiva de Bardin (2011), a análise de conteúdo (pré-análise, exploração do material e interpretação inferencial) foi eleita instrumento de análise da presente pesquisa.

A pré-análise consistiu na organização do material coletado e leitura flutuante das respostas dadas. A exploração do material, iniciada na fase anterior, compreende para Triviños (2015), a sua descrição analítica, etapa na qual se realizou a submissão do material coletado a um estudo aprofundado a partir do referencial teórico adotado na pesquisa. Os dados passaram nesse processo por etapas de codificação, classificação e categorização com vista ao surgimento de um quadro de referência oportuno para a fase seguinte. Procuramos, nesta fase, classificar e categorizar as percepções dos sujeitos entrevistados em relação à inovação na Educação Física. Por fim, a última fase correspondeu ao tratamento dos resultados, inferência e interpretação (BARDIN, 2011). Nesta etapa metodológica, foi realizado o trato do material antes organizado para a proposição de inferências que atendessem ao objetivo da pesquisa. De acordo com Triviños (2015), é nesta fase que os dados coletados são tratados com maior intensidade, de modo reflexivo e intuitivo.

Resultados e discussão

Inovação em educação física: significados

Os significados atribuídos à inovação no componente curricular Educação Física por professores atuantes na Eaufpa colaboram com um debate já solidificado teoricamente nesse campo do conhecimento e instigam novos olhares a esse fenômeno. Na tabela a seguir, estão elencados alguns desses significados.

CURRICULARIDADE

Quadro 1 – Significados de inovação em Educação Física, segundo docentes da Eaufpa

Caráter	Significado
PARADIGMÁTICO	Rompimento com o tradicionalismo histórico do campo e sua visão instrumentalizada, pragmática e mecanicista em relação ao corpo e as práticas corporais.
DIDÁTICO/FORMATIVO	Seleção, ensino e avaliação de conteúdos da Educação Física, com fim no desenvolvimento e na formação ampla de pessoas.
	Ligada ao projeto pedagógico da escola; e identificada com processos nos quais acontecem aulas com objetivos educacionais explícitos.
PROFISSIONAL	Contribui com a legitimidade e reconhecimento da Educação Física na cultura escolar e considera o trabalho do professor com relação à natureza do saber.
COLETIVO/ESTRUTURAL	Ocorre de modo particular nos limites de seu campo de ação pedagógica, porém, precisa estar mais articulada às inovações de natureza macro existentes no ambiente escolar.

Fonte: elaborado pelos autores

De caráter paradigmático (Quadro 1), o qual perspectiva certa observação crítica das concepções de Educação Física, o rompimento com a tradição nesse campo corrobora com os estudos analisados por Almeida (2017), quando o autor avalia que a inovação possui como uma de suas intenções questionar o tradicionalismo ainda presente na disciplina, sobretudo advindo da exacerbação esportiva.

O significado refletido pelos sujeitos complementa a intenção referida, justamente por não mais acreditarem numa Educação Física que trata seu conhecimento de maneira limitada ou que simplesmente entenda o corpo como uma máquina humana de realizar técnicas e movimentos desprovidos de sentido educativo (FENSTERSEIFER; SILVA, 2011; COLETIVO DE AUTORES, 2012; SILVA; BRACHT, 2012). Para isso, o pensamento, avaliação e reflexão constante acerca da trajetória histórica da Educação Física na escola se mostra fundamental:

> *Eu acho que um dos passos pra gente inovar na Educação Física é pensar na Educação Física escolar de forma mais ampla, pensar ela a partir de seu contexto histórico. Trazer a realidade histórica da Educação Física, refletir, não reproduzir aquilo que já existiu, que por muito tempo perdurou.* (Relato de P4).

A fim de romper com o entendimento anunciado, ainda resistente no campo da Educação Física, os significados para a inovação seguintes sinalizam um avanço em relação à função social que possui (ou deveria possuir) esse componente curricular na escola. Nesse cenário, o caráter didático/formativo da inovação (Quadro 1) indica duas situações. Na perspectiva didática, que o processo pedagógico de seleção, ensino e avaliação dos conteúdos da Educação Física precisa visar à formação ampla dos sujeitos os quais terão acesso a seu conhecimento. Na questão formativa, que o mesmo processo necessita contribuir com o desenvolvimento de pessoas para a realidade social. Por formação ampla entendamos as dimensões possíveis de serem desenvolvidas pela Educação Física em seus educandos, as quais buscam contemplar a multidimensionalidade da experiência humana refletida por Pacheco (2019).

Ainda sob a perspectiva constatada, P2 esclarece que a inovação está identificada com processos pedagógicos e curriculares interessados em objetivos que, ligados aos propósitos do projeto pedagógico, viabilizam diferenciações nos processos de ensino aprendizagem, desde que acompanhada de elementos formativos fomentadores do desenvolvimento educativo dos estudantes. Para esse sujeito, não basta ao professor ensinar determinados conteúdos, apesar de negados pela Educação Física. De acordo com sua visão, considerar uma prática inovadora significa, acima de tudo, absorver dos mesmos conteúdos ensinados aspectos formativos.

> *Quando a gente tá falando de inovação, ou pedindo inovação na área de Educação Física, a gente tá pedindo*

CURRICULARIDADE

> *o que? Simplesmente diferenciação, novas formas de processo de ensino aprendizagem [...] ou a gente vai tá tentando identificar quais são elementos de fato formativos que contribuam para o desenvolvimento dos alunos, das crianças, dos jovens ali da escola, que vem acompanhada dessa inovação? Grosso modo, o professor que ensina a dança, ensina a luta, é inovação? A gente pode dizer que historicamente na Educação Física tem um elemento de inovação, porque até onde a gente conhece esse conteúdo foi negado, mas ao mesmo tempo a gente não pode dizer que por si só o professor trabalhar a luta ou a dança, esse conteúdo vai ser trabalhado de um ponto de vista formativo. A gente conhece uma série de experiências também com dança que não tem nada de formativo e que, na verdade, tem repetição de gestos técnicos e tudo mais.* (Relato de P2).

Com esse entendimento, faz-se importante ressaltar ainda que mesmo conteúdos que carregam uma conotação negativa na produção do conhecimento da Educação Física podem ser tratados de forma inovadora. Um desses são os esportes tradicionais. Para P2, se forem buscadas e encontradas funções formativas para o ensino desse conteúdo na escola, muito dele pode ser potencialmente trabalhado nas aulas.

> *[...] é muito interessante ver até que ponto a gente pode confiar que toda inovação vai ser formativa pra gente, ainda que eu ache que a Educação Física precise drasticamente de processos de inovação, desde que sejam formativos. Não é considerar por si só um conteúdo como inovador, mas o que se quer fazer com esse conteúdo, onde tu quer chegar. Vê aí o exemplo do esporte. Eu vejo práticas extremamente emancipatórias com os próprios esportes tradicionais* (Relato de P2).

A experiência inovadora com o esporte analisada por Carlan, Kunz e Fensterseifer (2012) acerca da prática pedagógica realizada por um professor nos anos finais do ensino fundamental ilustra o relato anterior. Segundo concluem, não se pode desprezar ou negar o trato com o conhecimento do esporte nas aulas de Educação Física simplesmente porque existe uma naturalização teórica de que esse conteúdo na escola vem acompanhado de uma racionalidade instrumental a ele inerente. Para os autores, com base na experiência relatada, o esporte na Educação Física precisa estar fundamentado em condutas pedagógicas comprometidas com a formação humana. Nesse sentido, "Entende-se, então, que o 'problema' não é a presença do esporte como conteúdo da Educação Física escolar, mas como ele é trabalhado" (CARLAN; KUNZ; FENSTERSEIFER, 2012, p. 71).

Se a proposta de trabalho é quem vai conceber uma atividade pedagógica como inovadora ou não, o reconhecimento desta pela cultura escolar apresenta-se como fator a ser considerado para um maior estímulo a práticas com funções educativas e inovadoras. O caráter profissional da inovação (Quadro 1) na Educação Física, conforme apreciação crítica de P2, revela que a ausência de legitimidade da Educação Física na escola implica na falta de reconhecimento da natureza de seu saber, diferentes de outros componentes curriculares.

> *A gente ainda não chegou num plano que a gente tem legitimidade e reconhecimento na cultura escolar e no projeto político pedagógico das escolas. [...] onde a gente tem certo reconhecimento que o saber que a gente trabalha ele é importante pra formação das pessoas, das crianças que tão na escola [...] É muito legal tu ter um reconhecimento pessoal. Muitas vezes, por exemplo, tu vai na educação infantil, qual é a imagem do bom professor de Educação Física? É imagem do professor que dá conta da festa junina, dá conta dos eventos [...] Mas ninguém avalia o trabalho do professor pra natureza do saber e pra natureza do processo de ensino aprendizagem que ele desenvolve ou não nas crianças. Em nenhum momento ninguém pegou o meu plano, planejamento e disse: 'Olha, isso aqui é formativo ou não? Isso aqui tem coerência curricular ou não? Isso tá dentro de um processo de educação ou não?'. Coisa que, por exemplo, se faz com as outras disciplinas, com os outros domínios do saber. (Relato de P2).*

CURRICULARIDADE

O relato de P2 é relevante, assim como a análise crítica à questão da legitimidade na Educação Física discutida por Furtado e Borges (2019). Conforme os autores, esse componente curricular na escola goza de pouco prestígio, resultado do processo hegemônico e histórico de sua função na sociedade moderna, atrelada as justificativas de sua presença na instituição escolar, frequentemente distante do reconhecimento das potencialidades formativas capazes de desenvolver plenamente as capacidades humanas de educandos. Concluem apontando dois desafios com os quais se depara a Educação Física visando sua legitimação no currículo da escola básica. Primeiro, é necessário compreendê-la como área de conhecimento e intervenção impreterível no processo de escolarização de estudantes. Segundo, é imediata a reflexão sobre o significado e função das práticas corporais tratadas pela Educação Física na formação escolar desses sujeitos.

Sobre o último significado para a inovação na Educação Física, os olhares de P3 e P4 são congruentes e significativos. Eles sinalizam o caráter coletivo/estrutural (Quadro 1) da inovação.

> *Na verdade, eu não consigo desatrelar essa ideia de inovação na Educação Física da ideia de inovação na educação num campo maior. Então ainda que eu consiga trabalhar dentro uma perspectiva super inovadora no campo da Educação Física, trabalhando com tematização, com resolução de problemas, trazendo meu aluno pro protagonismo, rompendo com a questão pragmática e trazendo também um campo conceitual importante da Educação Física e tudo, pra mim só isso não é o suficiente, porque é uma inovação limitada. Então eu penso que a inovação ela parte de uma perspectiva curricular macro, de um entendimento de educação e de escola como um todo. [...] Ainda que eu faça movimentos que eu sei que são importantes porque é uma busca particular, eu penso que essa inovação ela precisa ser coletiva e ela precisa ser num campo do fazer escolar. (Relato de P3).*

> *[...] na Educação Física, assim como na educação, esse processo de inovação ele tem que perpetuar uma mudança, mudar a consciência, mudar as estruturas. Tanto profes-*

> *sor-aluno, quanto estrutura escolar e estrutura comunidade. Eu sempre digo: uma escola só vai ser inovadora, ou uma educação só vai ser inovadora quando eu mudo as estruturas. Se essas estruturas não modificam, se elas não modificam, fica difícil. Não que um professor não possa fazer, mas vai ser pontual. E por ser pontual talvez não chegue como um processo de mudança, que é o que eu acredito que seja inovação.* (Relato de P4).

Conforme se observa nos pontos de vista de P3 e P4, o desenvolvimento das práticas docentes na Educação Física tem por base a avaliação da inovação que ocorre de um modo geral na instituição escolar, isto é, em seu nível micro (JESUS; AZEVEDO, 2020). Efetivamente, essa forma de entender a inovação e a produção de mudanças resulta das concepções que docentes possuem em relação ao ato educativo (FULLAN, 2012) e o contexto da escola onde exercem docência. Nesse caso, a concepção de inovação na Educação Física precisa vir acompanhada das práticas inovadoras desenvolvidas pela escola no campo da gestão, na organização dos espaços e currículos, no trabalho coletivo entre os componentes curriculares, dentre outros. Assim, para a inovação existir na Educação Física, ela tem que ser abarcada por essas estruturas escolares.

Pacheco (2019) é favorável a essa visão ao esclarecer que a escola funciona como um projeto inovador quando tem no ato coletivo a fonte de sua existência, especialmente ao prever a articulação entre agentes educativos e a criação de estratégias intersetoriais e em rede, inclusive com o envolvimento da comunidade, para a garantia do direito à educação dos estudantes. Jesus e Azevedo (2020, p. 45) corroboram essa análise quando acentuam que "a inovação é um processo em permanente construção individual e coletiva". Canário (1996) propõe alguns eixos estratégicos nesse sentido. Para o autor, a organização escolar passa por um processo de reinvenção quando reconhece a escola como um organismo vivo, existindo como comunidades de aprendizagem e possuindo como princípio o trabalho colaborativo entre professores.

> A descoberta de caminhos fecundos que permitam a produção de mudanças qualitativas e pertinentes nas escolas supõe a possibilidade de fazer dos professores produtores de inovações, articulando, no seu exercício profissional, a produção de mudanças com as dimensões da pesquisa e da formação. A produção de inovações, em cada estabelecimento de ensino, assume, portanto, a forma de empreendimento de aprendizagem coletiva. (CANÁRIO, 1996, p. 19).

Vista como processo, a produção de inovações em uma perspectiva micro demanda o envolvimento de diferentes agentes educativos e a organização de práticas articuladas entre professores e gestores escolares. Do relato de P3, infere-se que, se colocada em prática de modo coletivo, a inovação na Educação Física ocorrerá com mais efetividade, comparada as ações pedagógicas isoladas de professores desse componente curricular, ainda que essa forma de produzir inovação não possa ser em nenhum momento meramente descartada, mas, sim, incentivada.

Inovação nas práticas pedagógicas de professores de Educação Física da Eaufpa

Nesta seção de análise, apresentamos inovações pedagógicas relatadas pelos professores de Educação Física entrevistados. Pretendemos, com esse exercício, responder a seguinte pergunta: como a inovação se apresenta nas práticas pedagógicas realizadas por docentes de Educação Física da Eaufpa? A figura a seguir apresenta a classificação das inovações de acordo com a dimensão da prática pedagógica na qual são desenvolvidas.

Figura 1 – Classificação das inovações pedagógicas realizadas por docentes de Educação Física da Eaufpa

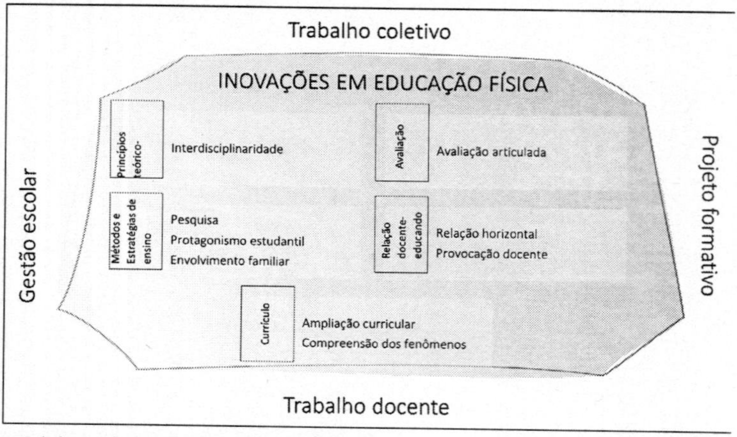

Fonte: elaborada pelos autores

Conforme notado na Figura 1, pode-se compreender que a inovação, no cenário apresentado por docentes de Educação Física da Eaufpa, caracteriza-se por ser um fenômeno articulado a outras estruturas e fatores implicados nas dinâmicas que surgem no ambiente escolar, quer sejam o trabalho coletivo, a gestão escolar, o trabalho docente e o projeto de formação almejado pela escola (Figura 1).

É o que refletem P1, P2 e P3 sobre o fato. Na percepção de P3, inovar, ainda que de modo particular, não ocorrerá de forma satisfatória se a instituição escolar como um todo não se mobilizar para esse acontecimento. P1 esclarece que o trabalho docente precisa deixar de ser precarizado para inovações pedagógicas existirem. P2 pontua que o fim das inovações necessita ser sua função educativa e formativa. Ferretti (1995) propõe análise na mesma direção ao explicar que a base pedagógica da inovação é dependente do conceito e da concepção de educação que orienta e motiva as práticas inovadoras (ou não inovadoras) realizadas na instituição escolar.

Dito isto, uma conclusão preliminar sobre o achado indica que a inovação se efetiva em meio a uma rede complexa de outros elementos que prescindem o caráter didático-pedagógico, embora sua visualização seja mais clara quando é colocada em prática, nos processos de ensino-aprendizagem escolar. A Figura 1 nos mostra um panorama dessa ideia ao ilustrar determinados fatores que circundam elementos da ação pedagógica nos quais são possíveis serem implementadas inovações, sendo estes o currículo, as estratégias de ensino, a avaliação e outros.

A ideia de que existe uma rede complexa de fatores e estruturas que impactam a produção de inovações é demonstrada a partir do relato de P1. Para o sujeito, a inovação e as práticas visando à mudança precisam ir além de uma mera obrigação institucional. Porém, para isso acontecer, o trabalho docente necessita ofertar elementos que favoreçam a efetivação de práticas inovadoras, sem os quais o trabalho educativo deixará de ser orgânico, além de digno para os docentes. Segundo explica P1, *"Se o trabalho é precarizado, te resta pouco tempo e pouca disposição pra pensar, planejar"*, sendo esses alguns dos aspectos capazes de atenuar um trabalho notadamente reconhecido como inovador.

O cenário apresentado é explicado pelo paradoxo existente entre, de um lado, o anseio por docentes capacitados ao desenvolvimento de práticas criativas, transformadas, e de outro, fatores historicamente assíduos no sistema escolar brasileiro, como baixa elevação da imagem do professor, intensificação do trabalho, inexistência de um ambiente estimulante para a atuação docente, baixa remuneração e controle profissional (CANÁRIO, 1996; MALDONADO; SILVA, 2017). Como figura atenuante desse cenário, encontra-se a figura da gestão escolar, responsável por lidar com questões ligadas ao desenvolvimento profissional docente (JESUS; ALVES, 2019), atuando de modo a inviabilizar a precarização do trabalho e estimular ações baseadas na inovação.

Refletidos alguns pontos sobre a rede complexa de estruturas que podem impactar a inovação na Eaufpa, descrevemos a seguir inovações reconhecidas e acenadas pelos professores de Educação Física da escola em suas práticas pedagógicas. Acreditamos que a produção de inovações decorre da mobilização de bases de conhecimento por docentes na construção de suas atividades de ensino, dentre elas o conhecimento pedagógico geral.

Na perspectiva de Shulman (1987), o conhecimento pedagógico geral se refere as formas pelas quais o docente explicita seus princípios de educação e desenvolve suas estratégias de ensino, traçando objetivos que estejam concretamente relacionados à formação estudantil. Esse tipo de conhecimento, analisado por Mizukami (2004), engloba, dentre outros, conhecimentos relativos ao currículo, ao contexto educacional, as características dos educandos, a gestão de classe, aos valores e propósitos educacionais. Na interpretação feita pelo presente estudo, o conhecimento pedagógico geral figura como base de conhecimento no interior da qual a inovação se manifesta e é produzida.

A categorização das respostas dos docentes entrevistados nos revelou cinco elementos do conhecimento pedagógico geral nos quais, segundo sua experiência, foram produzidas inovações. Os elementos categorizados foram princípios teórico-metodológicos, avaliação, metodologias e estratégias de ensino, relação docente-educando e currículo.

Na perspectiva do trabalho interdisciplinar, de natureza coletiva, a inovação pedagógica relatada por P2 se insere no componente princípios pedagógicos (Figura 1). Para este sujeito, o trabalho articulado com outros campos do conhecimento favorece o processo educativo, sendo a ação interdisciplinar responsável pela materialização de práticas que facilitam a aprendizagem efetiva do fenômeno (conhecimento) trabalhado em aula.

> *O trabalho com a disciplina de jogo com o pessoal do primeiro ano do ensino médio, na compreensão que eu tenho de jogo, eu trabalho no mesmo bimestre que trabalha uma professora de sociologia e filosofia. A gente faz um trabalho em conjunto com o conteúdo [...] A professora de filosofia [...] trabalhando a questão da natureza humana [...] E a professora de sociologia tá discutindo cultura [...] O jogo em geral ele não é uma prática corporal. O jogo*

pode ser uma prática corporal, mas o domínio do jogo, o que se concebe como jogo vem de um debate filosófico e antropológico [...] existem os jogos políticos, jogos de linguagem, da ciência, do poder, do amor, enfim, inclusive jogos corporais. E a gente pega esse gancho, tenta compreender o fenômeno jogo com diferentes campos do conhecimento. Eu considero isso extremamente inovador. O aluno passa a ter domínio do jogo para além de sua dimensão do fazer, do domínio corporal, e passa a compreender o jogo por categorias e conceitos da sociologia e da filosofia. (Relato de P2).

Na percepção desse sujeito, sistematizar e realizar práticas interdisciplinares caracteriza uma prática inovadora, pois é no diálogo entre disciplinas, entre campos de conhecimento, que o fenômeno estudado consegue diversificar seus enfoques de aprendizagem.

Temas de acentuada relevância educacional, inovação e interdisciplinaridade, ainda que concebidas teoricamente em marcos históricos distintos, fundem-se num ideal em comum. A primeira sinaliza a necessidade de as práticas pedagógicas de componentes curriculares específicos avançarem em direção a trabalhos dinâmicos, antagônicos a habitual forma de ensino disciplinar, comum na pedagogia tradicional, a qual caracterizada por uma educação conteudista, vertical e reprodutora (SAVIANI, 2001). A segunda a complementa, fundamentalmente porque o espaço de trabalho interdisciplinar se pauta na negação e superação das fronteiras disciplinares, caracterizando-se por um nível de colaboração entre diversas disciplinas, resultando em interações recíprocas propriamente ditas entre elas, "de tal forma que, no final do processo interativo, cada disciplina saia enriquecida" (JAPIASSU, 1976, p. 75).

De acordo com a percepção de P2, a relação entre inovação e interdisciplinaridade esteve presente no trabalho conjunto que realizou com docentes de outros componentes curriculares. Essa forma de interação entre saberes foi concebida como uma prática inovadora pelo sujeito, uma vez que a partir dela outras formas de inovação foram possíveis, como as produzidas no componente pedagógico da avaliação (Figura 1). Conforme revelou o sujeito, as inovações na avaliação foram resultado do trabalho articulado entre docentes de diferentes componentes curriculares, emergindo nessa experiência diferentes estratégias avaliativas, como a redação e "mini censura", espécie de entrevista a respeito da experiência realizada pelos professores e, especialmente, sobre o fenômeno jogo.

Em se tratando da dimensão avaliativa na Educação Física escolar, as reflexões de Darido e Souza Junior (2013) são relevantes. Para os autores, a intervenção pedagógica no componente curricular precisa tratar a avaliação como instrumento útil no processo de aprendizagem discente, ao mesmo tempo em que possibilita ao professor reorganizar sua ação didática. Os estudos sobre inovação alertam para o uso de diferentes formas de avaliação na Educação Física (FENSTERSEIFER; SILVA, 2011; SILVA; BRACHT, 2012), razão pela qual se faz importante articular essa dimensão do conhecimento pedagógico a propostas definidas de inovação no ambiente escolar.

Em relação ao componente pedagógico métodos e estratégias de ensino (Figura 1), a descrição do relato de P4 indica a existência de um processo inovador que se refere a construção social da aprendizagem mediada pela integração entre família e escola, perspectiva discutida por Pacheco (2019). A participação ativa dos familiares na formação educativa dos filhos foi uma experiência percebida como inovadora pelo sujeito, caracterizando uma proposta diferenciada.

> [...] trazer a família para caminhar junto com a disciplina. Eu pedia uma vivência, ou até mesmo uma experiência que eles tinham com a família. E quando chegava depois de dois meses [...] a gente reunia, eu fazia uma espécie de gincana para arrecadar alimentos. Tinha até uma função social pra comunidade próxima [...] eles [alunos] iam pra lá e a gente relembrava cada movimento que eles faziam dentro dos conteúdos. Por exemplo, um deles era quando chegava nas brincadeiras, e aí eu encaminhava pra casa um questionário em que os pais ou responsáveis respondiam o que eles brincavam no passado, na infância ou se ele não brincava. E aí eu dialogava sobre o mundo do trabalho. Muitas das vezes eu via a ausência da brin-

CURRICULARIDADE

> *cadeira por causa do mundo do trabalho, que sufocava.*
> *[...] E aí eu começava a falar de temas que, talvez, eram*
> *temas que nunca tinham pensado. Por exemplo, a ideia do*
> *lazer. O que é o lazer? É um lazer dado pelo capitalismo?*
> *Imposto por uma sociedade que diz que tu trabalhas a*
> *semana toda, mas quando tu vai pro teu lazer tu ainda*
> *vai consumir? Então eu fazia uma espécie de debate*
> *com eles, uma espécie de diálogo para que entendessem*
> *a importância dos conteúdos pros filhos e pra realidade*
> *deles.* (Relato de P4).

Segundo a docente, sua experiência se enquadra no tipo inovador porque atingiu uma consciência, um estado de reflexão, de diálogo, de questionamento da realidade social, o que, em sua visão, caracteriza um dos objetivos visados pela inovação na escola: formar para a consciência, para a apreensão aprofundada do conhecimento. De igual modo, foi inovador porque surtiu efeito nos educandos e, além disso, foi uma proposta de trabalho que extrapolou os muros da escola, isto é, valorizou a experiência extraescolar desses sujeitos (BRASIL, 1996).

Outras inovações pertencentes ao componente pedagógico métodos e estratégias de ensino foram as relatadas por P3 ao destacar a pesquisa como elemento de trabalho e a sistematização de metodologias que estimulem o protagonismo estudantil. Tais inovações conversam com ações inovadoras desenvolvidas no espaço de relação docente-educando, nas quais são prezadas relações horizontais e o despertar para a ação.

> *[...] tento atuar com meus alunos dentro de uma rela-*
> *ção mais horizontal, trazendo metodologias em que eles*
> *possam estar protagonizando os seus processos de apren-*
> *dizagem, porque eu penso que eu estou ali como uma*
> *provocadora [...] nós temos a missão de estar ali para*
> *provocação, para provocar ação. E como que a gente faz*
> *isso? A partir de uma pedagogia da pergunta, uma peda-*
> *gogia do questionamento. Então estudar Educação Física,*
> *entender a Educação Física a partir de uma pedagogia*
> *da pergunta é sair de uma lógica de aulas expositivas,*
> *de uma perspectiva tradicional, e trazer a pesquisa, a*

> *investigação, a construção em grupo. Sair do centro da ensinagem e da aprendizagem, o centro do professor [...] e partir para o centro da comunicação das relações. Eu acho que é dessa forma que eu consigo, instaurando dispositivos pedagógicos. Um exemplo deles é o coletivo de responsabilidades.* (Relato de P3).

Canário (2006), ao refletir sobre a escola em processo de reinvenção esclarece o pensamento a favor de uma comunidade de aprendizagem que preze pela valorização das experiências dos alunos, por intermédio de um processo de produção de saberes. O autor assume a existência de uma evolução no sentido da escola. Para ele, essa instituição social não pode continuar sendo um sistema caracterizado pela repetição de informações, mas um sistema que visa a produção de saberes, em que alunos e professores assumam-se criadores, ou como refletem Jesus e Azevedo (2020), como protagonistas de seus processos de desenvolvimento de capacidades. Na dimensão da relação docente-educando, essa é uma premissa necessária, pois possibilita atitudes direcionadas a reinvenção das práticas pedagógicas e educativas.

Destacamos por último experiências inovadoras produzidas no currículo (Figura 1). P1 detalha inovações nos conteúdos com os quais desenvolve práticas pedagógicas. Para o sujeito, *"[...] a inclusão da discussão do conhecimento das práticas de aventura, das lutas e também dos esportes menos conhecidos"* caracterizaram práticas inovadoras, uma vez que esses conteúdos são pouco trabalhados na Educação Física. Entretanto, essa ação não surgiu espontaneamente. Teve por base o interesse por novos conhecimentos por parte da docente, o que a permitiu inovar na escolha dos conteúdos de sua prática curricular (sua sistematização, organização e desenvolvimento).

Essa forma de inovação, que P3 chama de "descolonização curricular", atende a um anseio não tão contemporâneo à Educação Física no espaço escolar. O interesse por conhecimentos pouco trabalhados surge a partir do movimento de reflexão e reorientação da área, quando, em dado momento, na década de 80, a Educação Física passou a questionar seus conteúdos mais hegemônicos. Matthie-

CURRICULARIDADE

sen (1999), no final do século passado, intitulou "práticas corporais alternativas" as novas formas de intervenção que se contrapunham às formas historicamente existentes. Para a autora, um discurso alternativo para a Educação Física precisava questionar conteúdos baseados em movimentos considerados repetitivos, estereotipados e mecânicos. Em função disso, várias produções no período de 1987 a 1997, por ela analisadas, questionaram teoricamente tais conteúdos e conceberam, no plano prático, práticas alternativas para a realidade da Educação Física na escola.

Embora as práticas corporais analisadas nos trabalhos por Matthiesen (1999) tenham centrado em métodos específicos de educação do corpo, a exemplo da consciência corporal e expressão corporal — temas pouco comuns na Educação Física em décadas anteriores —, faz-se relevante notar que o movimento de reflexão sobre práticas consideradas novas ou "alternativas" nesse componente curricular abriu espaço para que anos mais tarde estas e outras pudessem ser incorporadas no currículo da escola básica, dentre elas as práticas corporais de aventura, relatadas por P1.

Conteúdo pouco disseminado por docentes em escolas brasileiras, as práticas corporais de aventura, conforme Tahara e Darido (2016), inserem-se num grupo vasto de práticas possíveis de ampliarem o universo de vivências corporais de crianças e jovens no ambiente escolar. Além disso, são capazes de questionar a predominância dos conteúdos técnicos e esportivos. Daí sua importância educativa no currículo e nas práticas pedagógicas da Educação Física.

Em outra perspectiva, P2 inova quando a partir de práticas corporais específicas pretende gerar aprendizagens voltadas a compreensão macro dos fenômenos da Educação Física. Para o sujeito, é importante ampliar o domínio de estudantes sobre os fenômenos Esporte, Jogo, Lutas, Dança, Ginástica. Para isso, não basta apenas vivenciar práticas específicas, mas entender, por meio delas, processos envolvidos nos fenômenos que as geram. O docente exemplifica essa sua concepção de trabalho inovador ao relatar certas atividades em que buscou desenvolver nos estudantes a compreensão acerca da espetacularização e esportivização do fenômeno Lutas por meio da abordagem pedagógica do boxe e da Luta Marajoara; bem como a compreensão sobre a gênese do esporte moderno a partir da vivência do Rugby.

> *O boxe entrou não por si só, as técnicas do boxe, não com um fim nelas mesmo. Mas entrou com o seguinte objetivo: o aluno entender o boxe, como uma luta de média distância, e entender se o boxe também é um processo de espetacularização. [Entender também] essa transição do boxe pro MMA. Por que o boxe passa tanto em filmes famosos no século XX? Porque ganhou tanto status e o que aconteceu com a sua passada ali pro status de MMA? [...] Eu quero tanto que o aluno aprenda o boxe ou compreenda o fenômeno Lutas a partir do boxe? Se eu quero que ele compreenda o fenômeno luta, por que eu não posso usar outros domínios da luta? [...] Por exemplo, a gente botou no segundo ano a luta marajoara. Fez a discussão do processo de esportivização dela.* (Relato de P2).

> *Por exemplo, o rugby tinha lá no primeiro ano do ensino médio. Só que tava somente rugby. O que eu fiz? Eu sei que o esporte moderno surgiu com uma forte relação com o rugby e o futebol, com as práticas da aristocracia inglesa. Então eu contei, trabalhei nesse sentido. [Disse:] A gente vai entender a gênese do esporte, a gente vai fazer um dos primeiros esportes, o rugby.* (Relato de P2).

Prática emergente na escola, segundo Vasques e Beltrão (2013), o exemplo do MMA como base para a tematização do fenômeno Lutas na Educação Física pode gerar distintas possibilidades de práticas pedagógicas, como:

> MMA e a mídia; a esportivização desta luta; a violência presente nos combates; a nutrição e o controle do peso dos lutadores; sua constituição histórica; as modalidades e técnicas mais utilizadas pelos lutadores; sua profissionalização; o MMA e seus 'donos'; o MMA e as mulheres. (VASQUES; BELTRÃO, 2013, p. 304).

CURRICULARIDADE

Além de se mostrar coerente com a ampliação do currículo, o apontamento de P2 visualiza na escola fecundas alternativas e experiências de ensino inovadoras.

Finalmente, apresentadas experiências percebidas como inovadoras do ponto de vista dos docentes atuantes com a Educação Física na Eaufpa, algumas considerações são necessárias.

Possivelmente os relatos dos professores quanto a suas práticas inovadoras causem um estranhamento teórico-conceitual e contextual relativo ao entendimento acerca da inovação na Educação Física contemporânea, estando a interdisciplinaridade, a relação escola-comunidade-família e o currículo expandido, por exemplo, imersos num rol de ações no qual, num primeiro olhar, podem estar ausentes o ineditismo e a criatividade.

Nesse ponto, valemo-nos das características da inovação discutidas por Pacheco (2019), em especial a utilidade e a criatividade (quase sinônimo de adaptação). Ressalta o autor que a inovação possuiu como característica mais importante a utilidade, pois para que ela ocorra é necessária a mobilização de estratégias, dispositivos e ações que permitam a garantia de aprendizagem de todos. Para ele, inovação também é criatividade, pois qualquer trabalho inventado passa por um processo de recriação do que já existe, o qual resulta em novas formas mais elaboradas de ações.

Com base nisso, transpondo-se as características refletidas por Pacheco (2019) às práticas dos docentes investigados, entende-se o motivo de suas ações não se encontrarem desalinhadas a uma perspectiva inovadora. Primeiro, porque a inovação produzida teve como ponto de partida o conhecimento e seu fim educativo, e não necessariamente o processo pedagógico utilizado para o ensino, surgindo a partir daquele a criação de dispositivos e estratégias capazes de garantir a aprendizagem qualificada do fenômeno trabalhado. Segundo, porque os trabalhos dos docentes estiveram apoiados em perspectivas teórico-metodológicas (a interdisciplinaridade) ou dimensões (a gestão inteligente currículo), densamente exploradas no campo da pesquisa educacional e da inovação, diferenciando-se o enfoque dado pelos sujeitos ao conhecimento abordado nas aulas que desenvolveram.

A experiência de P1 é explicativa quanto a isso. Ainda que a inovação curricular seja amplamente reconhecida na literatura como uma das formas de inovação (FERRETTI, 1995; VEIGA-NETO, 2008; PACHECO, 2019; JESUS; ALVES, 2019), a particularidade de seu trabalho centrou nas práticas de aventura e levou em consideração as especificidades da turma para o planejamento das ações. Nesse contexto, novas formas e diferentes aspectos de trato a esse fenômeno foram buscados pela docente, de forma recriada e adaptada (criatividade).

Um olhar panorâmico as experiências descritas pelos docentes investigados revelam que estas se situaram na dinâmica interna de seu trabalho pedagógico, ao mesmo tempo em que oportunamente sofreram influência de estruturas e fatores externos, os quais implicaram na produção de práticas inovadoras no componente curricular Educação Física da Eaufpa. Com relação a isso, pode ser necessário nessa, e em outras instituições de ensino básico, a observação atenta à atuação da gestão escolar, ao trabalho docente, a coletividade das ações escolares, ao projeto formativo da escola e da Educação Física, caso as intenções pedagógicas de professores objetivem a construção de novos pressupostos educacionais, dos quais a inovação é aliada.

Considerações finais

Os resultados analisados na pesquisa evidenciam que a inovação na Educação Física possui quatro significados associados ao caráter paradigmático, didático/formativo, profissional e coletivo/estrutural. Tais significados indicam a necessidade de revisão da tradição da área e sinalizam a busca por práticas educativas que coincidam com a expectativa de formação estudantil no cenário escolar contemporâneo.

A pesquisa concluiu também que a inovação na Educação Física possui natureza complexa, pois depende de diferentes fontes de influência para seu pleno desenvolvimento. Isto foi revelado pela análise das experiências de natureza inovadora que eles mesmos realizaram na Eaufpa, transparecidos no interior de uma rede complexa de estruturas e fatores que, em maior ou menor grau, facilitaram ou dificultaram sua efetivação com qualidade. As distintas possibilidades (Figura 1) de desenvolver práticas inovadoras, diferenciadas e mesmo adaptadas relatadas pelos professores de Educação Física indicam movimentos particulares (e atenciosos) de construção de práticas com o objetivo de elevar a qualidade formativa dos educandos da Eaufpa, no componente curricular Educação Física.

Frente aos resultados alcançados, convém destacar que olhar as experiências reconhecidas como inovadoras por atores educacionais cotidianamente envolvidos com a Educação Física escolar se mostra uma importante estratégia para a legitimação de práticas alternativas, em um cenário no qual historicamente prevalece a imutabilidade e a aversão ao novo.

Referências

ALMEIDA, Felipe Quintão de. Educação Física escolar e práticas pedagógicas inovadoras: uma revisão. **Corpoconsciência**, Cuiabá, v. 21, n. 3, p. 7-16, set./dez. 2017.

BARDIN, Laurence. **Análise de conteúdo.** São Paulo: Edições 70, 2011.

BOGDAN, Robert; BIKLEN, Sari Knopp. **Investigação qualitativa em educação.** 12. ed. Portugal: Porto Editora, 2013.

BRASIL. **Lei n.º 9.394, de 20 de dezembro de 1996.** Estabelece as diretrizes e bases da educação nacional. Brasília, DF: Presidência da República, [1996]. Disponível em: http://www.planalto.gov.br/ccivil_03/leis/l9394.htm. Acesso em: 10 jun. 2019.

CANÁRIO, Rui. A escola, o local e a construção de redes de inovação. *In:* CAMPOS, Bártolo Paiva (org.). **Investigação e inovação para a qualidade das escolas.** Lisboa: Instituto de Inovação Educacional, 1996. p. 59-76.

CARLAN, Paulo; KUNZ, Elenor; FENSTERSEIFER, Paulo Evaldo. O esporte como conteúdo da educação física escolar: estudo de caso de uma prática pedagógica "inovadora". **Movimento**, Porto Alegre, v. 18, p. 55-75, 2012.

COLETIVO DE AUTORES. **Metodologia do Ensino de Educação Física**. Rio de Janeiro: Cortez Editora, 2012.

DARIDO, Suraya Cristina; SOUZA JÚNIOR, Osmar Moreira. **Para ensinar Educação Física**: possibilidades de intervenção na escola. 7. ed. Campinas: Papirus, 2013.

ESCOLA DE APLICAÇÃO DA UFPA. **Projeto Pedagógico da Escola de Aplicação**. Aprovado na Resolução n. 4.905, de 21 de março de 2017.

FENSTERSEIFER, Paulo Evaldo; SILVA, Marlon André. Ensaiando o "novo" em Educação Física Escolar: a perspectiva de seus autores. **Revista Brasileira de Ciências do Esporte**, Florianópolis, v. 33, n. 1, p. 119-143, 2011.

FERRETTI, Celso João. A inovação na perspectiva pedagógica. *In:* GARCIA, Walter. **Inovação educacional no Brasil**: problemas e perspectivas. São Paulo: Cortez; Campinas: Autores Associados, 1995. p. 61-90.

FULLAN, Michael. **Los nuevos significados del cambio en la educación**. 2. ed. Barcelona: Octaedro, 2012.

FURTADO, Renan Santos; BORGES, Carlos Nazareno Ferreira. Educação física escolar, legitimidade e escolarização. **Humanidades & Inovação**, Palmas, v. 7, n. 10, p. 24-38, 2020.

JAPIASSU, Hilton. **A interdisciplinaridade e a patologia do saber**. Rio de Janeiro: Imago, 1976.

JESUS, Pedro; ALVES, José Matias. Inovação pedagógica, formação de professores e melhoria da escola (estudo de caso). *In:* CABRAL, Ilídia *et al.* (org.). **Educação, territórios e desenvolvimento humano**: atas do III seminário internacional. Porto: Universidade Católica Portuguesa, Faculdade de Educação e Psicologia, Centro de Estudos em Desenvolvimento Humano, 2019. p. 203-229.

JESUS, Pedro; AZEVEDO, José Matias. Inovação educacional. O que é? Por quê? Onde? Como? **Revista Portuguesa de Investigação Educacional**, Porto, n. 20, p. 21-55, 2020.

LUDKE, Menga; ANDRÉ, Marli. **Pesquisa em educação**: abordagens qualitativas. 2. ed. São Paulo: EPU, 2013.

MALDONADO, Daniel Teixeira; SILVA, Sheila Aparecida Pereira dos Santos. **Do "rola a bola" à inovação pedagógica nas aulas de educação física**: uma análise dos bastidores do cotidiano escolar público. v 30. Curitiba: CRV, 2017. n.p.

MATTHIESEN, Sara Quenzer. A educação física e as práticas corporais alternativas: a produção científica do curso de graduação em Educação Física da Unesp - Rio Claro de 1987 a 1997. **Motriz**, v. 5, n. 2, p. 131-137, dez. 1999.

MIZUKAMI, Maria da Graça. Aprendizagem da docência: algumas contribuições de L. S. Shulman. **Revista Educação**, Santa Maria, v. 29, n. 2, p. 1-11, 2004.

PACHECO, José. **Inovar é assumir um compromisso ético com a educação.** Petrópolis, RJ: Vozes, 2019.

SAVIANI, Dermeval. **Escola e democracia**: teorias da educação, curvatura da vara, onze teses sobre a educação política. 34. ed. Campinas, São Paulo: Autores Associados, 2001.

SEVERINO, Antônio Joaquim. **Metodologia do Trabalho Científico**. 24. ed. rev. e atual. São Paulo: Cortez, 2018.

SHULMAN, Lee. S. Knowledge and teaching: foundations of the new reform. **Harvard Educational Review**, v. 57, n. 1, p. 1-27, 1987.

SILVA, Mauro Sérgio da; BRACHT, Valter. Na pista de práticas e professores inovadores na educação física. **Kinesis**, Santa Maria, v. 30, n. 1, p. 75-88, 2012.

TAHARA, Alexander Klein; DARIDO, Suraya Cristina. Práticas corporais de aventura em aulas de educação física na escola. **Conexões**, Campinas, v. 14, n. 2, p. 113-136, abr./jun. 2016.

TRIVIÑOS, Augusto Nibaldo Silva. **Introdução à pesquisa em ciências sociais**: a pesquisa qualitativa em educação. São Paulo: Atlas, 2015.

VASQUES, Daniel Giordani; BELTRÃO, José. MMA e a Educação Física Escolar: a luta vai começar. **Movimento**, Porto Alegre, v. 19, n. 04, p. 289-308, out./dez. 2013.

VEIGA-NETO, Alfredo. Crise da modernidade e inovações curriculares: da disciplina para o controle. *In:* PERES, Eliane *et al.* (org.). **Trajetórias e processos de ensinar e aprender**: sujeitos, currículos e culturas. 1. ed. Porto Alegre: Edipucrs, 2008. p. 35-58.

FUNDAMENTOS DIDÁTICO-PEDAGÓGIOS E BASES TEÓRICAS PARA UMA CONSTRUÇÃO CURRICULAR COM O CONTEÚDO LUTAS NO ENSINO MÉDIO

Elane Cristina Pinheiro Monteiro

Renan Santos Furtado

Alexandre Fernandez Vaz

Introdução

A discussão a respeito do ensino dos conteúdos da Educação Física na escola tem se apresentado como desafiadora na contemporaneidade. Muito disso ocorre em virtude do esgotamento de certos discursos e práticas que legitimavam a disciplina apenas como uma atividade escolar desprovida de saberes mais amplos que fossem capazes de superar a ideia da atividade física e esportiva e do movimento enquanto deslocamento de membros do corpo (BRACHT, 2019). Um desses desafios trata-se da diversificação de conteúdos e das suas formas metodológicas de ensino (MADURO, 2015).

No caso das lutas, segundo trabalhos como os de Ferreira (2006), Nascimento e Almeida (2007), Gomes *et al.* (2010), Gomes *et al.* (2013), Cartaxo (2013), Santos, Cortez e Nascimento (2014), Campos (2014), Rufino e Darido (2015), Maduro (2015) e Pereira *et al.* (2017), podemos constatar a existência de uma série de tabus e estigmas que dificultam a inserção dessa prática corporal nos currículos da educação básica. Dentre eles, os autores supracitados destacam a falta de contato dos professores com esse conteúdo em perspectiva ampla na formação inicial e continuada, a escassez de materiais e espaços especializados/

apropriados, o não domínio técnico das modalidades de combate por parte dos docentes, a associação desse conteúdo com a violência e a ausência de produção teórica que sistematize esse conhecimento.

Apesar da gama de trabalhos que abordam as dificuldades para o trato com as lutas na escola, e das históricas lacunas da formação de professores com esse conteúdo, as práticas bem-sucedidas realizadas no cotidiano da escola e que ganham forma de produção de conhecimento necessitam ser tratadas como referenciais/propostas, tanto para o campo acadêmico da Educação Física como para a formação de professores e, por conseguinte, para os currículos da educação básica.

Do ponto de vista da finalidade deste estudo, iremos apresentar as fundamentações didático-pedagógicas e teóricas que subsidiaram o relato de experiência sobre o ensino das lutas no ensino médio de Furtado, Monteiro e Vaz (2019). Logo, o presente estudo trata-se de uma reflexão sobre uma experiência pedagógica que busca alimentar uma construção curricular para a Educação Física brasileira.

No estudo anteriormente mencionado, relatamos uma experiência de ensino com turmas da primeira e segunda série do ensino médio, com foco na apresentação de possibilidades de ensino e na organização do conhecimento. Assim, na ocasião buscamos descrever os processos de ensino e aprendizagem com esse conteúdo, bem como discutimos nossas práticas exitosas e os limites/desafios que temos enfrentado na escola.

É importante mencionar, que pretendemos discutir as possibilidades do conteúdo em questão em diálogo com a experiência de dois autores deste texto como docentes da disciplina de Educação Física no ensino médio na Escola de Aplicação da Universidade Federal do Pará (Eaufpa). Do ponto de vista do entendimento do processo, a ideia é apresentarmos as bases teóricas que fundamentaram uma prática de ensino que buscou efetivar a progressão do conhecimento no campo das lutas, já que consideramos este um dos maiores desafios teórico-práticas da Educação Física escolar. Além da busca pela complexificação das aprendizagens, cabe informar ao leitor que, no transcorrer de cada série, os estudantes passam a ter contato com novos professores. Assim, outro desafio é o diálogo constante entre

CURRICULARIDADE

os docentes tendo em vista a não repetição de temas no seguimento do processo de escolarização.

Podemos dizer então, que o currículo vivido foi repensado e aprimorado a partir da proposta do currículo prescrito da instituição, com o objetivo de sanar possíveis limites e lacunas com o ensino das lutas para os estudantes do ensino médio. Levamos em consideração que a Eaufpa disponibiliza uma boa infraestrutura, equipamentos e professores com experiências e comprometimento com um ensino que avance em discussões culturais, políticas, sociais e econômicas.

Sendo assim, lançamos a seguinte questão problema: que perspectivas, metodologias, conteúdos e práticas de avaliação podem estruturar o trato com o universo das lutas no ensino médio? Desse modo, temos como objetivo deste trabalho discutir orientações didático-pedagógicas, perspectivas teóricas e conhecimentos que podem direcionar o trato com o campo das lutas no ensino médio.

Como modo de organizar a discussão apresentada anteriormente, dividimos este trabalho em três tópicos além desta introdução. No primeiro, tratamos das perspectivas e abordagens para o trabalho com as lutas no ensino médio. Em seguida, apresentamos alguns dos possíveis conteúdos, metodologias e práticas de avaliação que podem ser utilizadas no ensino médio. Por último, partimos para as nossas considerações finais.

Perspectivas para o trato com as lutas no ensino médio

Consideramos que o lugar social da Educação Física no contexto da educação básica deve promover de forma crítica o acesso dos educandos aos conteúdos da cultura corporal de movimento. Compreendemos o direito de acesso a tal conhecimento, vivenciando, criando e recriando expressões da cultura corporal de movimento de forma crítica, autônoma e reflexiva, o que implica dizer que para além de transferidos, esse conhecimento deve ser tratado como objeto de estudo no sentido de Freire (2016). Melhor dizendo, os estudantes necessitam produzir compreensão acerca dos temas estudados, o que implica pensar no professor como o sujeito que, ao entender o objeto de forma mais sistemática, organiza a trajetória formativa do estudante tendo em vista a sua autonomia e reflexão própria sobre os saberes tematizados.

De forma geral, a Educação Física tem considerado as lutas corporais como uma forma de confronto mediado por regras que contêm o ataque e a defesa como elementos simultâneos durante o combate, em que os praticantes visam derrotar o oponente por meio de ações como derrubar, projetar, imobilizar, golpear, desequilibrar etc.[1]

Em perspectiva similar, Campos (2014) afirma que a luta é uma atividade física e esportiva que ocorre com códigos previamente estabelecidos, ou seja, com regras delimitadas que visam o equilíbrio de tensão para que o esforço físico empreendido entre os oponentes não se transforme em violência descontrolada. Assim, as lutas preservariam a dinâmica específica do confronto entre oponentes numa ação simultânea de ataque e defesa, fazendo uso do próprio corpo ou de implementos para atingir o adversário.

Pensando a possibilidade de alargamento desse conceito, é possível afirmar que as lutas como elementos da cultura corporal de movimento se desenvolvem numa perspectiva de continuidade histórica,[2] manifestando-se de diferentes formas nas diversas sociedades ao longo do tempo, trazendo aspectos de suas raízes repletos de movimentos ritualizados que expressam poder e respeito por suas tradições, formas de vida e modos técnicos de usos do corpo. Essas formas vão, em processos de circulação cultural de saberes, alcançar novas características, apagando outras, chegando a novas sínteses que muitas vezes pouco ou nada têm a ver com os movimentos originais que as compunham.

---

[1] Essa forma de pensar as lutas emergiu de modo mais enfático na Educação Física brasileira nos Parâmetros Curriculares Nacionais (PCN s) de 1997, sendo adotado também em seus traços gerais pela atual Base Nacional Comum Curricular (BNCC) de 2018.

[2] Sobre a discussão da ruptura e da continuidade histórica no campo nas práticas corporais/esporte, ler Stigger (2005). A ideia de continuidade histórica apresentada neste trabalho, influenciada por Elias e Dunning (1992), não busca afirmar que as práticas de combate realizadas nos diferentes períodos e contextos socioculturais apresentam similaridades e linearidades evidentes. Contudo, ressaltamos que como práticas culturais, alguns elementos do tempo passado vão sendo reorientados e revitalizados em épocas mais contemporâneas, sendo esse o aspecto dinâmico que garante certa continuidade no sentido de não exclusão total de algumas práticas por parte dos grupos sociais. Ou seja, trata-se de pensar o desenvolvimento das lutas também como processo de longa duração.

CURRICULARIDADE

Não é possível encontrar um conceito que possa unificar todas as práticas que reconhecemos atualmente como lutas. O que podemos destacar é que os trabalhos que versam sobre a origem das lutas[3] sinalizam que sua utilização em várias sociedades se perpetuava devido às necessidades de sobrevivência, o preparo militar, a defesa pessoal, a busca pelo divertimento, assim como as questões tradicionais, simbólicas, religiosas e filosóficas. Nesse sentido, foram outras necessidades humanas que possibilitam a sistematização das lutas com técnicas específicas e codificadas em modalidades de combate como conhecemos atualmente, o que certamente não excluí o seu alto valor simbólico no nosso tempo.[4]

Na contemporaneidade, muitas lutas têm passado por um processo de esportivização, no interior do qual surgiram sistemas de regras mais rígidos, estamentos burocráticos e adaptações (que visam controlar a violência) com foco na espetacularização propagandeada principalmente pelas grandes mídias e mercados esportivos. Tal fenômeno apresenta como principal expressão as Artes Marciais Mistas (MMA), modalidade de combate que já surge como esporte e simboliza na forma de prática corporal a ininterrupta busca pelo espetáculo presente no nosso tempo, tendo o sensacionalismo midiático, a idolatria pelos atletas e a lógica da mercantilização da cultura esportiva como características fundamentais (MIRANDA FILHO; SANTOS, 2014).

Fica claro que as lutas, tal como outras práticas sociais, apresentam uma gama de elementos simbólicos que tornam possível a realização de distinções[5] entre essas práticas, entre os seus grupos de praticantes e seus consumidores passivos. Assim, não é tão difícil notarmos os diferentes status entre as diversas modalidades de lutas que, em geral, são provenientes de vários fatores, como, por exemplo, o lugar de surgimento dessas práticas, as formas de uso do corpo

---

[3] Em Borges (1989), Cartaxo (2013), Campos (2014) e Oliveira (2015), a perspectiva histórica nas lutas é tratada por via de uma abordagem ontológica do fenômeno, partindo da noção de que o homem lutou e vem lutando ao longo da história devido múltiplas necessidades de cada espaço e tempo.

[4] A respeito do processo de sistematização de técnicas de combate a partir de necessidades históricas dos homens, e do fenômeno contemporâneo de esportivização das lutas, ler Rufino e Darido (2011).

[5] Sobre a categoria distinção e o processo de construção e ganho de status por parte de certas práticas sociais, ler Bourdieu (1976).

de cada modalidade, o grau de espetacularização de cada luta, e a circulação ou não dessas lutas nas grandes mídias. Nesse processo, diferenciam-se também os praticantes (atletas ou não) dos consumidores passivos, quer dizer, aqueles que conseguem ter acesso aos equipamentos e práticas mais "sofisticados", daqueles que ou não tem acesso nenhum, ou somente como consumidores passivos.

A Educação Física brasileira reúne condições (principalmente de conteúdo) e perspectivas amplas para o trabalho com as lutas no ensino médio. Desse modo, neste momento expomos três grandes eixos oriundos de nossa reflexão sobre a prática que podem orientar o trabalho com esse conteúdo na última etapa de ensino da educação básica: 1) É pertinente que os conteúdos dialoguem com temas e aspectos históricos e contemporâneos. 2) A técnica deve ser aliada do ensino, dialogando com práticas de oficinas com especialistas em modalidades, estudos, seminários e produção de compreensão sobre as lutas. 3) Devemos assumir a perspectiva interdisciplinar das lutas.

A respeito do primeiro eixo, é importante que no ensino médio os estudantes tenham clareza das lutas como um fenômeno cultural e distinto em cada sociedade, transcendendo o mero treinamento de técnicas corporais descontextualizadas, tendo em vista o avanço na compreensão histórica e cultural das sociedades e suas diferentes manifestações. Isso deve ser feito por meio de reflexões mais profundas que passam pela história, cultura, técnica e temas atuais que verticalizam a discursão como, por exemplo, as lutas e o uso de anabolizantes; lutas e a violência; a espetacularização das lutas por parte das mídias e eventos esportivos; lutas e saúde; a participação das mulheres nas lutas[6]; a presença/ausência da ética nos esportes de combate etc.

Desse modo, cabe à Educação Física escolar "desespetacularizar" o uso da técnica e tratá-la para além das manifestações do esporte/práticas corporais de alto rendimento. Logo, antes de tudo,

---

[6] Apesar de a partir de nossa experiência concreta falarmos em participação de homens e mulheres nas lutas, essa discussão tende a se tornar cada vez mais complexa no campo escolar, na medida em que reconhecemos o direito de acesso às práticas corporais das pessoas trans. Em sentido similar, devemos falar também de perspectivas adequadas e inclusivas para a experiência corporal formativa das pessoas com deficiência e por todos os grupos sociais historicamente excluídos do âmbito das práticas sociais e culturais.

CURRICULARIDADE

necessitamos conceber a técnica e os gestos técnicos como formas de ações que potencializam a vida humana, e não como movimentos estereotipados que atuam na formação de corpos dóceis. Sendo assim, a partir da antropologia de Mauss (2003), por técnicas do corpo devemos compreender a maneira na qual os homens, de forma tradicional, servem-se dos seus corpos ao longo da história nos diferentes contextos culturais. Para Mauss (2003), tradição e eficácia são aspectos fundamentais para a manutenção histórica de uma técnica.

Avançado a discussão, e considerando que o estudante do ensino médio consegue produzir compreensão a respeito dos conteúdos tematizados (FREIRE, 2008, 2016), é importante que os estudantes sejam estimulados a realizar pesquisas sobre essas questões históricas e contemporâneas. No entanto, não deve ser a pesquisa utilizada em seu sentido restrito apenas como forma de reunir informações a respeito de um determinado aspecto do fenômeno, os estudantes necessitam ser convidados a tomar posição, criticar e reconstruir práticas, conceitos e concepções presentes no universo das lutas. Ou seja, trata-se de considerar a pesquisa como princípio educativo, na perspectiva de ampliar a compreensão dos estudantes acerca dos objetos estudados.

Quando verificamos a produção do conhecimento sobre o ensino das lutas no ensino fundamental, em especial nos recentes trabalhos de Cirino, Pereira e Scaglia (2013), Gomes *et al.* (2013), Pereira *et al.* (2016, 2017), identificamos que o jogo aparece como principal estratégia para o ensino das lutas, sobretudo os jogos de combate/oposição. No ensino médio, é importante frisar que ainda que os elementos do jogo e da ludicidade sejam comuns no cotidiano das práticas educativas, a etapa de ensino em questão necessita ser compreendida como um momento de avanço no entendimento dos fenômenos e de produção do conhecimento novo, ainda que nas outras etapas de ensino isso também seja desejável e possível. Logo, o jogo de combate/oposição deve ser utilizado em outra perspectiva em relação ao seu ensino nas etapas de escolarização anteriores.

Por este ângulo, o trabalho com o conteúdo lutas pode incorporar a perspectiva dos jogos de combate nas suas metodologias. Contudo, é oportuno que nessa etapa de escolarização os estudantes tenham acesso à elementos técnicos mais elaborados das diversas modalidades de lutas a partir do contato com especialistas nessas modalidades direcionados pedagogicamente pelo professor do componente curricular.[7] Além disso, o estudo de textos, a discussão de vídeos e documentários, a construção de seminários temáticos, a pesquisa de campo, ou em bibliografia especializada, além da reconstrução corporal de práticas de combate são elementos que, a nosso ver, comtemplam aquilo que pode ser uma abordagem significativa para o trato com as lutas no ensino médio.

No ensino médio, devemos estar atentos ao dilema exposto por Bourdieu (2004) sobre o que significa a aprendizagem de uma prática corporal/esporte. De acordo com o sociólogo francês, a aprendizagem de certas práticas corporais não pode ocorrer sem a experiência e sem mudanças de atitudes, gostos e formas de utilizar o corpo. Sobre essa questão, diz o autor que:

> E a pedagogia esportiva talvez seja o terreno por excelência para colocar o problema que em geral é exposto no terreno da política: o problema da tomada de consciência. Há um modo de compreensão totalmente particular, em geral esquecido nas teorias da inteligência, e que consiste em compreender com o corpo. Há uma infinidade de coisas que compreendemos somente com nosso corpo, aquém da consciência, sem ter palavras para exprimi-lo. O silêncio dos esportistas de que falei no início deve-se em parte, quando não se é profissional da explicitação, ao fato de haver coisas que não se sabe dizer, e as práticas esportivas são essas práticas nas quais a compreensão é corporal (BOURDIEU, 2004, p. 219).

No seu tempo histórico e no exercício do ofício de sociólogo, Bourdieu creditava às lutas o status de componente do campo esportivo — provavelmente devido à presença impreterível da competição

---

[7] Nesse caso, quando o professor do componente curricular Educação Física não domina certos gestos e procedimentos técnicos mais específicos de uma determinada prática corporal, faz sentido a busca pela interação formativa com sujeitos do campo não escolar. Todavia, a intencionalidade pedagógica do processo deve ser direcionada pelo docente da escola.

CURRICULARIDADE

e da nascente regulamentação das lutas, tornando-as semelhante com as práticas esportivas tradicionais. Desse modo, sua aprendizagem efetiva transcende o saber sobre do ponto de vista do discurso. Logo, assim como é importante à apropriação dos conceitos e a capacidade da crítica sobre o universo das lutas, torna-se fundamental que o estudante do ensino médio adquira em seus corpos uma espécie de cultura de combate, que seus gestos e movimentos caminhem no sentido de uma aprendizagem que é também corporal e oriunda da experiência com o tocar, agarrar, projetar, imobilizar, desequilibrar, golpear, torcer, manipular implementos etc.

Com Bourdieu (2004), sustentamos a perspectiva de que a Educação Física escolar necessita reconhecer que certas aprendizagens ocorrem de modo relacional, ou seja, na experiência efetiva dos sujeitos no âmbito das práticas corporais da cultura corporal de movimento. Desse modo, cabe relembrar a definição de Betti (1994) sobre a especificidade do conhecimento da Educação Física enquanto saber orgânico, já que este diz respeito a um saber fazer corporalmente, um saber sobre esse fazer e um sentir sobre esse fazer. No mínimo, cabe considerarmos que entre o saber fazer e o que sentimos a partir do que fazemos existe um campo incontrolável de percepções e aprendizagens adquiridas que não podem ser facilmente traduzidas pelos códigos mais restritos da linguagem verbal.

Como último eixo que comporta uma perspectiva ampla para a tematização do universo das lutas no ensino médio, destacamos que é de fundamental importância seu reconhecimento como um fenômeno interdisciplinar. Para tal, a própria área da Educação Física deve ser questionada em alguns dos seus pressupostos. Logo, outros campos de conhecimento que historicamente dialogam com a Educação Física, que na escola aparecem como disciplinas curriculares (Sociologia, Biologia, Filosofia, História, Física etc.) devem ser convidadas para o trabalho colaborativo, tendo em vista a ampla compreensão das práticas corporais e do movimento humano.

Não cabe mais a distinção feita por certa parcela do debate intelectual da área na década de 1980 entre os conservadores e os progressistas da Educação Física, ou como expos Daolio (1998), entre os estudiosos das chamadas Ciências Naturais e os envolvidos com pesquisas no campo das Ciências Humanas. Quando pensamos nos desafios práticos da Educação Física escolar e na tarefa de socialização do conhecimento, essas cisões são ainda menos justificáveis. Mais problemática ainda foi a associação essencialmente falha entre os campos de estudos e as supostas posições políticas dos sujeitos.

Essas polarizações pouco nos ajudam no cotidiano da educação básica, e a nosso ver se apresentam como contraditórias com a história da Educação Física, já que, de acordo com Betti e Gomes-da-Silva (2019, p. 38), "A Educação Física é de origem híbrida: educação e saúde". Portanto, é hora de superarmos os estigmas e as taxonomias que nos últimos anos mais no separaram e dificultaram o diálogo entre o que costumeiramente chamamos de contraditório, e por vezes de antagônico, e que nesse momento compreendermos como complementar e dialogável.

No trabalho com as lutas no ensino médio, a abordagem necessita acontecer por via de vários enfoques e disciplinas. Assim, não cabe mais a discussão polarizada entre cultura ou saúde, mas, sim, a síntese dialógica entre cultura e saúde, dado que as nossas representações e experiências em saúde são também culturais. Em termos práticos, o estudante do ensino médio necessita ter acesso aos processos fisiológicos, bioquímicos e biomecânicos presentes nas práticas corporais de combate, mas também compreender que nossos sistemas (nervoso, muscular, sensorial etc.) agem para executar o movimento e com isso alteram a nossa própria composição corporal ao mesmo tempo em que ampliam nossa experiencia social. Assim como é fulcral discutirmos as várias culturas que fazem uso das lutas ao longo da história, suas formas de uso do corpo, seus rituais e tradições, também é necessária uma abordagem econômica e política das lutas na sociedade contemporânea, visando à compreensão das transformações dos sentidos dessa prática corporal nas últimas décadas.

Tendo como suporte essas reflexões, temos convicção de que o caminho para a interdisciplinaridade e a superação de certos fan-

CURRICULARIDADE

tasmas que assombram parte do campo está cada vez mais evidente na área da Educação Física. Não sendo esse um privilégio apenas do conteúdo lutas, é importante ressaltar que as perspectivas discutidas anteriormente necessitam se concretizar por intermédio de uma coerente seleção de conteúdos, de metodologias e de práticas de avaliação, sendo esse o objeto de nossa exposição a seguir.

Conteúdos, metodologias e práticas de avaliação com o fenômeno lutas no ensino médio

O campo da educação brasileira tem debatido nas últimas décadas os processos de seleção, organização, socialização e avaliação da aprendizagem dos conhecimentos escolares, sendo esses alguns dos elementos tratados tradicionalmente na área da didática. Segundo Libâneo (1990), quando pensamos na educação escolar em uma perspectiva crítica e transformadora, necessitamos articular de modo coeso e lógico a nossa intencionalidade crítica com os objetivos, conteúdos e métodos de ensino.

No que diz respeito aos objetivos, eles podem ser ligados às políticas e diretrizes educacionais, aos objetivos da escola expressos no Projeto Político Pedagógico e no currículo, e aos objetivos do professor no ensino de um determinado conteúdo.

Referente aos conteúdos, compreendemo-los em primeira instância como uma série de elementos científicos, históricos, estéticos, corporais, simbólicos, éticos e políticos oriundos da prática social humana ao longo da história. Na forma de conhecimento escolar, Libâneo (1990) afirma que os conteúdos representam um conjunto de habilidades, hábitos, modos valorativos e atitudes para a ação social que se organizam tendo em vista à práxis dos sujeitos na vida social. De um modo geral, os conteúdos englobam conceitos, ideias, fatos, processos, princípios, leis científicas, regras, habilidades, atitudes, valores e ações corporais.

Coll (1997) avança na sistematização dos conteúdos ao discutir as suas três dimensões, sendo elas, conceituais (quais conceitos, ideias,

133

leis etc. os estudantes devem aprender?), atitudinais (que conjunto valores se pretende repassar?) e procedimentais (quais ações e atividades práticas são necessárias para o alcance dos objetivos?).

Na área da Educação Física, Darido (2001, 2011) incorpora tal modo de estruturação dos conteúdos. Bregolato (2007) rediscute as três dimensões dos conteúdos para a especificidade da Educação Física ao falar de: práticas dos movimentos corporais (técnicas e diversas formas de expressões corporais da cultura corporal de movimento), contextualização teórica (conceitos, história, fundamentos, classificações etc.) e princípios de valores e atitudes (solidariedade, respeito, cooperação, união, liberdade, igualdade, participação, iniciativa, autonomia etc.).

De acordo com Libâneo (1990), não é suficiente para a prática educativa transformadora que o educador tenha total domínio dos conteúdos e de todas as suas formas de manifestação, uma vez que é necessária também a escolha das melhores formas de socializar esse conhecimento. Em outros termos, o educador necessita escolher métodos de ensino coerentes com o nível de escolarização dos estudantes e com os objetivos educacionais previamente estabelecidos. Assim, podemos entender método como os meios, os procedimentos e as técnicas utilizados pelo professor e pelos estudantes tendo em vista o alcance dos objetivos estabelecidos no planejamento.

Referente à nossa experiência com o ensino das lutas no ensino médio, temos acumulado nos últimos quatro anos um conjunto de conteúdos e de métodos apresentados nos Quadros 1 e 2.[8] Devido estarmos trabalhando com turmas da primeira e segunda série do

---

[8] Nesse momento, optamos por não apresentar temas referentes à dimensão atitudinal dos conteúdos, ou dos princípios de valores e atitudes nos termos de Bregolato (2007). Na mesma perspectiva de González e Fraga (2009), acreditamos que do ponto de vista da reflexão e por consequência da proposição curricular, pensar os valores que devem ser socializados e incorporados em cada etapa de ensino e séries acaba sendo uma tarefa de difícil realização, pois a educação dos valores é algo que perpassa vários momentos do processo de ensino e aprendizagem e da vida escolar e não escolar que transcendem a própria ideia de conteúdos. Conforme Freire (2008), muitas vezes educamos bem mais pelo exemplo e modo de agir com o outro do que pelo discurso sobre os princípios éticos.

CURRICULARIDADE

ensino médio durante esse período, iremos expor a forma de organização do conteúdo lutas em cada série.[9]

Cabe destacar, que partimos do pressuposto de que o processo de escolarização deve ser progressivo. Sendo assim, as aprendizagens socializadas em uma série devem fazer ainda mais sentido a partir do momento em que os estudantes passam a ter contato com conhecimentos ainda mais aprofundados em outra etapa da sua formação. No campo da Educação Física escolar, este parece ser um dos maiores desafios, já que a área apresenta inegável dificuldade de pensar o processo de organização do conhecimento das práticas corporais para além do tradicional modelo de divisão das modalidades esportivas coletivas, ou no máximo de uma progressão baseada somente na complexificação dos gestos técnicos no decorrer das séries.

Quadro 1 – Primeira série do ensino médio

Contextualização teórica	Práticas dos movimentos corporais	Metodologias
- Diversos conceitos referentes ao fenômeno das lutas. - Classificação das lutas tendo como referência a finalidade das técnicas de combate; luta como arte marcial, combate, ginástica e dança. - Discussão sobre luta, violência e briga. - Aspectos histórico-culturais e sociais das lutas.	- Jogos de combate/oposição fazendo uso do próprio corpo e de objetos como fita, cone, pregador etc. - Criação/reconstrução de jogos de combate em diálogo com as características das lutas. - Huka-huka (luta indígena). - Laamb (luta senegalesa). - Capoeira.	- Criação conjunta de jogos de combate/oposição. - Uso de vídeos e documentários. - Slides com imagens, introdução e aprofundamento dos conteúdos. - Construção de lutas com regras e espaços alternativos e vivência das lutas elencadas. - Seminários temáticos.

Fonte: elaborado pelos autores (2022)

---

[9] Do ponto de vista da discussão mais específica desse texto, as reflexões propostas se originaram de práticas desenvolvidas entre 2018, 2019 e parte de 2020. No contexto do ensino remoto, outros aspectos estiveram presentes na nossa dinâmica pedagógica, que demandariam certamente um outro estudo.

Quadro 2 – Segundo ano do ensino médio

Contextualização teórica	Práticas dos movimentos corporais	Metodologias
- Conceitos de artes marciais e esportes de combate. - Classificações das lutas em relação à distância entre os oponentes, aos objetivos do combate e as ações motoras predominantes. - Lógica interna e caracterização das lutas. - Espetacularização das lutas no mundo contemporâneo. - A difusão das lutas pelas grandes mídias. - Capacidades físicas envolvidas nas lutas. - Implicações do uso de anabolizantes nos esportes de combate e na vida cotidiana.	- Luta marajoara. - Jiu-jitsu. - Defesa Pessoal. - Boxe. - Kenjutsu. - Experiência corporal com jogos e lutas de curta, média e longa distância. - Atividades de força, resistência, agilidade, coordenação, ritmo, velocidade e flexibilidade adaptadas às lutas. - Tarefas que nos possibilitam verificar as capacidades motoras envolvidas nas lutas.	- Oficinas com diversas modalidades de lutas. - Uso de vídeos e documentários. - Slides com imagens, introdução e aprofundamento de conteúdos. - Discussão, estudos e resenhas de apostilas e textos especializados. - Pesquisa de campo em academias. - Novas tecnologias (Jogos virtuais de combate no Xbox). - Circuito de treinamento funcional adaptado às lutas.

Fonte: elaborado pelos autores (2022)

A escolha pela exposição dos conteúdos desenvolvidos na unidade lutas na primeira e segunda série do ensino médio na Eaufpa decorre do fato de que isso tem sido uma dificuldade na área da Educação Física. Muitas vezes, os docentes tematizam em qualquer etapa de ensino aquilo que gostam ou possuem maior afinidade — devido alguma forma de contato com essa prática corporal na sua vida. Em outros casos, simplesmente a aula não acontece, e o professor se transforma em uma espécie de entregador de materiais e administrador do espaço destinado para as atividades livres dos estudantes (SOUZA; NASCIMENTO; FENSTERSEIFER, 2018).

CURRICULARIDADE

Quando existe a sistematização do conteúdo, em geral se pensa apenas na prática corporal que será vivenciada em cada bimestre, porém o campo teórico-conceitual de cada etapa de ensino e a articulação desses conceitos com a prática elencada é um aspecto praticamente inexistente nas propostas e nas orientações curriculares da Educação Física no Brasil. Como exemplo, temos a BNCC, que fala de objetos de conhecimento para cada série, contudo, não existe qualquer indicativo de que as aprendizagens corporais e o campo teórico-conceitual vão se tornar mais complexos a cada etapa de ensino.[10]

Levando em consideração essa lacuna da área, buscamos construir um referencial curricular atento para a possibilidade de aprofundamento do conhecimento que o ensino médio nos proporciona. Na primeira série do ensino médio, o foco recaía na perspectiva sociocultural das lutas e na apresentação de um conceito e de uma classificação elementar. Sendo assim, queremos que os estudantes compreendam a historicidade desse fenômeno, bem como as características específicas das lutas que as distinguem da briga.

Tendo em vista o ensino desse campo histórico-conceitual, buscamos práticas corporais e experiências com o movimento coerentes com ele. Por isso, a experiência com diversos tipos de jogos de combate/oposição nos ajuda a fazer com que os estudantes compreendam o conceito e as características das lutas. A capoeira, o Laamb e o Huka-huka são utilizados tendo em vista o debate histórico e cultural das lutas, considerando a função delas inicialmente para as culturas africana e indígena e posteriormente para outros contextos e realidades que essas práticas corporais se inserem.

Se na primeira série do ensino médio o foco tem sido na dimensão sociocultural e histórica das lutas, na segunda série dessa etapa de ensino partimos para questões contemporâneas ou que ganharam maior notabilidade na contemporaneidade. Partindo do pressuposto

---

[10] Cabe destacar que a proposta de orientação curricular da área da Educação Física para do Estado do Rio Grande do Sul, construída por González e Fraga (2009), se configura como uma elaboração qualificada do ponto de vista da articulação entre os saberes oriundos da experiência corporal e os conhecimentos do campo teórico-conceitual. Nesse sentido, indicamos o documento para a apreciação e reflexão sobre as possibilidades de sistematização das práticas corporais na escola.

de que o estudante ao sair da primeira série possui uma base conceitual básica sobre o conteúdo, temos trabalhado na segunda série no sentido de ampliar a reflexão e de introduzir novas problemáticas e experiências corporais sobre o conteúdo em questão.

Na segunda série, apresentamos para os estudantes os conceitos de arte marcial e esportes de combate, além dos denominados por Gomes *et al.* (2010) de princípios condicionais das lutas (contato proposital, fusão ataque/defesa, imprevisibilidade, oponente(s) / alvo(s), regras). Assim, a partir da classificação das lutas com base na distância entre os oponentes durante o combate (curta, média e longa), elencamos práticas corporais para cada tipo de luta conforme o leitor poderá perceber no Quadro 2.

Além disso, trabalhamos com conceitos como o de esportivização e espetacularização das lutas. Para o melhor entendimento da ideia de esportivização, fazemos uso do exemplo da luta marajoara, que é uma prática regional paraense que surgiu como uma atividade lúdica do tempo livre dos sujeitos da região do Marajó/PA no século 18 (SANTOS; FREITAS, 2018), e que, principalmente a partir dos anos 2000, tem sido transformada em um esporte de combate, com regulamentos e sistemas de competição bem definidos. Assim, após a explicação da trajetória histórica dessa prática corporal e dos seus sentidos assumidos no decorrer do tempo, realizamos experiências corporais com as principais técnicas da modalidade.

Para a problematização da espetacularização das lutas na sociedade contemporânea, realizamos um seminário temático a respeito, com foco nos casos do MMA e do Boxe. Além disso, na introdução da aula sobre lutas de média distância, que fazemos uso das técnicas de ataque e defesa do Boxe, propomos uma reflexão sobre a popularidade do Boxe durante o século 20, e de como o MMA tem paulatinamente ocupado grande parte do interesse do mercado das lutas.

Como outro aspecto do nosso trabalho na segunda série do ensino médio, trabalhamos a relação entre lutas e saúde. Por isso, debatemos também, ou pela forma de seminário, ou por pesquisa de campo, o tema do uso de anabolizantes nos esportes de combate. No

CURRICULARIDADE

campo das experiências corporais, organizamos vivências e discussões sobre a presença das capacidades físicas (força, resistência, flexibilidade, velocidade, equilíbrio etc.) nas diferentes modalidades de lutas.

Nessa perspectiva, acreditamos que o processo de escolarização com o conteúdo lutas torna-se cada vez mais complexo e rico com o avançar das séries. O ponto fundamental da proposta é que o trabalho colaborativo entre os docentes permite essa construção dialógica nessas duas séries, e, assim, existe a continuidade e o aprofundamento dos aspectos estudados. Desse modo, nem os conceitos, muito menos as experiências corporais, são pensados de modo aleatório, mas, sim, como conhecimentos produzidos socialmente que necessitam ser tematizados na escola levando em consideração as possibilidades de aprendizagem em cada série e etapa de ensino.

No nosso caso, nossas práticas de avaliação dialogam com as perspectivas para o ensino das lutas que discutimos anteriormente. Ou seja, realizamos a avaliação para verificarmos o quanto o estudante tem se apropriado do fenômeno lutas. Para tal, é importante que o estudante possa expressar sua produção de compreensão de diferentes formas.

Como práticas de avaliação com o conteúdo lutas, temos concretizado experiências com seminários e produção de textos na forma de pequenos ensaios sobre temas históricos e contemporâneos que circundam o universo das lutas; atividades de registro em que os estudantes apresentam as características e as regras de lutas/jogos de combate construídos e praticados coletivamente; construção de oficinas práticas a partir dos jogos de combate e diferentes modalidades de lutas; reconstrução prática de movimentos, regras e sistemas de ação das diferentes lutas; resenha e debate sobre apostilas e textos especializados; pesquisa de campo em academias fazendo uso de entrevista com professores e observação de práticas; redação abordando aspectos contemporâneos das lutas e provas objetivas e discursivas.

A nosso ver, tais instrumentos dialogam com as demandas dos estudantes do ensino médio, que para além de serem sujeitos capazes de assimilar conhecimentos, possuem também a capacidade e a vontade de criticar, de reconstruir e de produzir novos conhecimentos sobre os temas estudados.

No contexto da Eaufpa, que visa produzir, sistematizar e socializar o conhecimento por meio do ensino, da pesquisa e da extensão, como indica o Projeto Político Pedagógico da instituição (BELÉM, 2017), acreditamos que os nossos objetivos têm sido alcançados por via da perspectiva ampla do ensino das lutas no qual nos apoiamos. Temos clareza do universo de possibilidades que cada professor nas diferentes etapas de ensino e diversos contextos escolares podem experienciar no ensino desse conteúdo.

Temos procurado oferecer um ensino amplo e crítico das lutas, garantindo o direito dos educandos de se apropriarem dos conhecimentos das práticas corporais em interface com saberes de diferentes áreas do conhecimento (Biodinâmica, Fisiologia, Sociologia, Antropologia, História etc.). Desse modo, é possível dizer que a partir da perspectiva traçada para cada conteúdo, cabe a nós professores de Educação Física o devido trato pedagógico com cada prática corporal.

Avançamos nos últimos anos de forma bem singular no ensino das lutas, proporcionando um leque mais amplo de experiências das diversas manifestações culturais de lutas existentes dentro de três categorias classificada por Gomes (2008), que são, lutas de curta, de média e de longa distância. As lutas que foram trabalhadas estão listadas no Quadro 2, sendo as de curta distância as que englobam ações de agarre e contato contínuo, as lutas de média distância são aquelas que têm o contato somente na aplicação dos golpes e as lutas de longa distância são aquelas em que deve haver uma distância maior entre seus oponentes e se utilizam de implementos para desferir os golpes.

Nessa perspectiva, desenvolvemos um ambiente propício à experimentação, apropriação e reconstrução do conhecimento com estudantes que se mostram motivados e protagonistas de diferentes vivências, compartilhando por vezes, seus conhecimentos "informais" do conteúdo na forma de oficinas e relatos orais. Assim, tem

CURRICULARIDADE

sido comum que estudantes que possuem experiência com alguma modalidade, ministrem oficinas para os demais colegas.

Como ressaltam Araújo e Frigotto (2015), a escolha de um arranjo curricular depende de inúmeras variáveis, como condições concretas de realização da formação, conhecimento e maturidade profissional do professor, perfil da turma e, principalmente, o compromisso docente com a transformação social, que de forma imediata, implica na vontade do docente de dar conta dos elementos que compõem o trabalho pedagógico e de influenciar na formação dos estudantes.

Sendo assim, no balanço prévio de nossas ações, parece que a experiência didático-pedagógica desenvolvida contribui efetivamente com os educandos na apreensão e reconstrução coletiva do conhecimento. Portanto, a nosso ver, as experiências e as posições teóricas debatidas podem ser também de alguma relevância em possíveis reelaborações e debates coletivos sobre o currículo da Educação Física na educação básica em outras escolas e regiões do Brasil.

Considerações finais

Esperamos, com este trabalho, divulgar e ampliar as possibilidades metodológicas, os conteúdos, as práticas de avaliação e as perspectivas para o ensino de lutas nas séries finais da educação básica. Temos convicção de que não se trata de uma abordagem pior, ou melhor em relação à outras experiências desenvolvidas brasil afora, mas, sim, de um significativo passo na teia de experiências para futuras reflexões docentes, e que a partir de nossas contribuições um leque de possibilidades se evidencie. No âmbito da cultura corporal de movimento tal proposta tem ousado na maneira de ensinar, abordando o fenômeno das lutas tendo como suporte a perspectivas do aprofundamento do conhecimento a respeito desse universo.

Como outra contribuição peculiar desse estudo, destacamos a sistematização do conhecimento sobre o universo das lutas no ensino médio em diálogo com as características da etapa de ensino em questão. Mais ainda, arriscamo-nos em socializar nosso acúmulo de cerca de três anos de trabalho e nosso modo de organização do conhecimento teórico-conceitual em conexão com as experiências corporais que compõem o universo das lutas. Aliás, Vaz (2019), por via da crítica a pedagogia da cultura corporal (Educação Física crítico-superadora), reafirma a necessidade da conexão dialética entre o pensamento e a experiência corporal no campo da Educação Física, tarefa esta que temos tentado enfrentar no cotidiano da educação básica.

Por fim, reafirmamos que o texto em questão é apenas uma proposta oriunda de experiências acumuladas por dois professores com o ensino das lutas no ensino médio. Portanto, não pode ser interpretado como uma prescrição ou um manual. Afinal, a prática educativa é sempre algo que dialoga com o espaço/tempo no qual se manifesta. Tal fato nos coloca na posição de entusiastas por novos trabalhos e práticas inovadoras na educação básica, e não como sujeitos que possuem a pretensão ou alguma capacidade para dizer como os professores devem trabalhar e muito menos como as coisas precisam ocorrer no cotidiano das instituições educativas.

Referências

ARAÚJO, Ronaldo Marcos de Lima; FRIGOTTO, Gaudêncio. Práticas pedagógicas e ensino integrado. **Revista Educação em Questão**, v. 52, n. 38, maio/ago. 2015.

BELÉM. **Projeto Pedagógico da Escola de Aplicação da UFPA**. Resolução de n.º 4.905, de 21 de março de 2017.

BETTI, Mauro. O que a semiótica inspira ao ensino da Educação Física. **Discorpo**, São Paulo, n. 3, p. 25-45, 1994.

BETTI, Mauro; GOMES-DA-SILA, Pierre Normando. **Corporeidade, jogo, linguagem**: a Educação Física nos anos iniciais do ensino fundamental. São Paulo: Cortez, 2019.

BORGES, Antonio Borges. Ju-jutsu, Ju-jitsu ou Jiu-jitsu: origens e evolução. **EFDesportes.com**: Revista digital, Buenos Aires, v. 16, n. 156, maio 1989.

BOURDIEU. Pierre. Programa para uma sociologia do esporte. *In:* BOUR-DIEU. P (org.). **Coisas ditas**. São Paulo: Brasiliense, 2004.

BOURDIEU, Pierre. Goftts de classe et styles de vie. **Actes de la Recherche en Sciences Sociales**, n. 5, out. 1976, p. 18-43.

BRACHT, Valter. **A educação física escolar no Brasil**: o que ela vem sendo e o que ela pode ser (elementos de uma teoria pedagógica da educação física). Ijuí: Ed. Unijuí, 2019.

BREGOLATO, Roseli Aparecida. **Cultura corporal do Jogo**. São Paulo: Ícone, 2007.

BRASIL. **Base Nacional Comum Curricular**: educação é a base. Ministério da Educação, 2018.

BRASIL. **Parâmetros curriculares nacionais**: Educação Física/Secretaria de Educação Fundamental. Brasília: MEC/SEF, 1997.

CAMPOS, Luiz Antônio Silva. **Metodologia do ensino das lutas na educação física escolar**. Várzea Paulista, SP: Fontoura, 2014.

CARTAXO, Carlos Alberto. **Jogos de combate**: atividades recreativas e psicomotoras: teoria e prática. 2. ed. Petrópolis, RJ: Vozes, 2013.

CIRINO, Carolina; PEREIRA, Marcos Paulo Vaz de Campos, SCAGLIA, José Alcides Sistematização dos conteúdos das lutas para o ensino fundamental: uma proposta de ensino pautada nos jogos. **R. Min. Educ. Fís.**, Viçosa, Edição Especial, n. 9, p. 221-227, 2013.

COLL, César. **Ensino, aprendizagem e discurso em sala de aula**. São Paulo: Editora Artmed, 1997.

DAOLIO, Jocimar. **Educação Física brasileira**: autores e atores da década de 80. Campinas, SP: Papirus, 1998.

DARIDO, Suraya Cristina. **Educação Física escolar**: compartilhando experiências. São Paulo: Phorte, 2011.

DARIDO, Suraya Cristina. Os conteúdos da Educação Física escolar: tendências, dificuldades e possibilidades. **Perspectivas em Educação Física Escolar**, Niterói, v. 2, n. 1

ELIAS, Norbert; DUNNING, Elias. **A Busca da Excitação**. Lisboa: Difel, 1992.

FERREIRA, Heraldo Simões. As lutas na educação física escolar. **Revista de Educação Física**, n. 135, p. 36-44, nov. 2006.

MIRANDA FILHO, Vamberto Ferreira; SANTOS, Igor Sampaio Pinho dos. Mídia, mercadorização esportiva e o movimento de popularização do MMA. **Pensar a Prática**, Goiânia, v. 17, n. 3, p. 865-877, jul./set. 2014.

FREIRE, Paulo. **Pedagogia da autonomia**: saberes necessários à prática educativa. 38. ed. São Paulo: Paz e Terra, 2008.

FREIRE, Paulo. **Professora sim, tia não**: cartas a quem ousa ensinar. São Paulo: Paz e Terra, 2016.

FURTADO, Renan Santos; MONTEIRO, Elane Cristina Pinheiro; VAZ, Alexandre Vaz. Lutas no ensino médio: conhecimento e ensino. **Cadernos de Formação RBCE**, p. 57-69, mar. 2019.

GOMES, Mariana Simões Pimentel *et al.* Ensino das lutas: dos princípios condicionais aos grupos situacionais. **Movimento**, Porto Alegre, v. 16, n. 2, p. 207-227, abr./jun. 2010.

GOMES, Mariana Simões Pimental. **Procedimentos pedagógicos para o ensino das lutas**: contextos e possibilidades. 2008. Dissertação (Mestrado em Educação Física) – Faculdade de Educação Física, Universidade Estadual de Campinas, Campinas, 2008.

GOMES, Nathalia Chaves *et al.* O conteúdo lutas nas séries iniciais do ensino fundamental: possibilidades para a prática pedagógica da Educação Física escolar. **Motrivivência**, ano XXV, n. 41, p. 305-320, dez. 2013.

GONZÁLEZ, Fernando Jaime; FRAGA, Alex Branco. Referencial Curricular de Educação Física. *In:* RIO GRANDE DO SUL. Secretaria de Estado da Educação. Departamento Pedagógico (org.). **Referenciais Curriculares** do **Estado do Rio Grande do Sul – Lições do Rio Grande**: linguagens, códigos e suas tecnologias. Porto Alegre: Secretaria de Estado da Educação do Rio Grande do Sul, 2009, v. II. p. 113-181.

LIBÂNEO, José Carlos. **Didática**. São Paulo: Editora Cortez, 1990.

MADURO, Luiz Alcides. A. Considerações e sugestões para o ensino das lutas no ambiente escolar. **Cadernos de Formação RBCE**, p. 101-112, set. 2015.

MAUSS, Marcel. **Sociologia e Antropologia**. São Paulo: Cosac Naify, 2003.

NASCIMENTO, Paulo Rogério Barbosa do; ALMEIDA, Luciano de. A tematização das lutas na Educação Física Escolar: restrições e possibilidades. **Movimento**, Porto Alegre, v. 13, n. 3, p. 91-110, set./dez. 2007.

OLIVEIRA, Gabriel dos Santos. **Organização do trabalho pedagógico do conteúdo lutas na formação de professores de educação física nos munícios de Belém e Ananindeua**. 2015. Monografia (Graduação em Educação Física) – Faculdade de Educação Física, Universidade Federal do Pará, Belém, 2015.

PEREIRA, Marcos Paulo Vaz de et al. Lutas na escola: sistematização do conteúdo por meio da rede dos jogos de lutas. **Conexões**: Educ. Fís., Esporte e Saúde, Campinas: SP, v. 15, n. 3, p. 338-348, jul./set. 2017.

PEREIRA, Marcos Paulo Vaz de et al. O jogo como estratégia pedagógica para o ensino da educação física escolar no 5º ano do ensino fundamental I. **Corpoconsciência**, Cuiabá-MT, v. 20, n. 3, p. 1-8, set./dez. 2016.

RUFINO, Luiz Gustavo Bonatto; DARIDO, Suraya Cristina. A separação dos conteúdos das "lutas" dos "esportes" na Educação Física escolar: necessidade ou tradição? **Pensar a Prática**, Goiânia, v. 14, n. 3, p. 117, set./dez. 2011.

RUFINO, Luiz Gustavo Bonatto; DARIDO, Suraya Cristina. O ensino das lutas nas aulas de educação física: análise da prática pedagógica a luz de especialistas. **Rev. Educ. Fís/UEM**, v. 26, n. 4, p. 505-518, 4. trim. 2015.

SANTOS, Carlos Afonso Ferreira dos; FREITAS, Rogério Gonçalvez de. Luta marajoara e memória: práticas "esquecidas" na educação física escolar em Soure-Marajó. **Caderno de Educação Física e Esporte**, Marechal Cândido Rondon, v. 16, n. 1, p. 57-67, jan./jun. 2018.

SANTOS, Marcio Raiol. CORTEZ, Raul Marques; NASCIMENTO, Inayra Nazaré Morgado. Os Afro-Brasileiros no Processo de Formação Étnico--Cultural da Amazônia e as Possibilidades Metodológicas para o Ensino da Capoeira na Educação Básica. **InterMeio**: revista do Programa de Pós-Graduação em Educação, Campo Grande, MS, v. 20, n. 40, p. 97-109, jul./dez. 2014.

SOUZA, Sinara Pereira de; NASCIMENTO, Paulo Rogério Barbosa do; FENSTERSEIFER, Paulo Evaldo. Atuação docente em Educação Física escolar: entre investimento e desinvestimento pedagógico. **Motrivivência**, Florianópolis/SC, v. 30, n. 54, p. 143-159, jul. 2018.

STIGGER, Marco Paulo. **Educação Física, esporte e diversidade**. Campinas, SP: Autores Associados, 2005.

VAZ, Alexandre Fernandez. Certa herança marxista no recente debate da educação física no Brasil. **Movimento**, Porto Alegre, v. 25, e25069, 2019.

ENCONTROS E DIÁLOGOS CURRICULARES À LUZ DE MORIN E FREIRE: POSSIBILIDADES DO CURRÍCULO HÍBRIDO

Cláudio Narcélio Rodrigues de Araújo

Fabiana Sena da Silva

Suellen Ferreira Barbosa

Marcio Antonio Raiol dos Santos

A educação deve contribuir para a autoformação humana da pessoa (ensinar a assumir a condição humana, ensinar a viver) e ensinar como se tornar cidadão.
(Edgar Morin)[11].

A grande luta vem sendo, através dos tempos, a de superar os fatores que fazem o homem acomodado ou ajustado. É a luta por sua humanização, ameaçada constantemente pela opressão que esmaga, quase sempre sendo feita - e isso é o mais doloroso - em nome de sua própria libertação
(Paulo Freire)[12].

Diálogos iniciais

Neste texto, discute-se a necessidade de repensar as questões curriculares, a partir de uma relação dialógica entre a educação libertadora, pautada no diálogo de Paulo Freire e a teoria da complexidade de Edgar Morin, trazendo à tona a importância da perspectiva de currículo hibridizado para evitar a visão positivista cartesiana.

---

[11] Ver em: MORIN. Edgar. **A cabeça bem-feita:** repensar a reforma, reformar o pensamento. 16. ed. Rio de Janeiro: Bertrand Brasil, 2009, p. 65.

[12] Ver em: FREIRE, Paulo. **Educação como prática da liberdade.** São Paulo: Paz e Terra, 2009, p. 71.

Vale ressaltar que o cartesianismo, ao propor o desenvolvimento fragmentado das disciplinas e compartimentalização do campo do saber, derrubou os elementos naturais sobre os quais sempre couberam as vastas interrogações humanas: o cosmo, a natureza, a vida e, a rigor, o ser humano (MORIN, 2009). Assim, nas políticas educacionais, o movimento de um currículo fragmentado, conteudista, descontextualizado, rechaçando a interação, questionamentos, reflexão e a criatividade, afetou significativamente a autonomia da produção do conhecimento e estabeleceu uma relação verticalizada entre educador e educando, em que aquele deve apenas transmitir o conhecimento, e este, absorvê-lo de forma passiva e acrítica ganham forças também.

Neste contexto, a educação Freiriana progressista argumenta a favor de uma educação crítico-reflexiva que supere o modelo tradicional tecnicista, buscando, por meio da pedagogia do diálogo, maneiras de agir e pensar, a partir de um enfoque crítico-transformador que problematize, conscientize, transforme e emancipe em prol das transformações sociais (BRAUEN; FREIRE, 2021).

Segundo Morin (2009, p. 24), "Como nosso conhecimento desune os objetos entre si, precisamos conceber o que os une [...] uma necessidade cognitiva inserir um conhecimento particular em seu contexto e situá-lo em seu conjunto". Logo, o escritor compreende o processo educacional como uma construção recursiva, ou seja, não linear e não fragmentado, bem como dialógico, visto que deve possibilitar o conhecimento por meio da interação e conexão dos diversos saberes, que formam a multidimensionalidade humana Morin (2009, 2011).

Isto posto, a interlocução entre os construtos de Freire e Morin deve ser pensada a partir das propostas curriculares, pois, apesar de se aproximarem de concepções de currículo diferentes, é possível entrelaçá-las na perspectiva de currículo hibridizada, ao passo que tal proposta parte da premissa que as concepções críticas e pós-críticas possuem divergências, mas são complementares (LOPES, 2002).

Desse modo, o cerne político presente nas concepções teóricas críticas, abarcado pela ação educativo-crítica freiriana do "saber-fazer é o saber-ser-pedagógico" Freire (2009, p. 7) e o "devir cultural" e a lógica linear disciplinar das teorias pós-críticas, contempladas pelo pensamento moriniano, abrigam uma hibridização curricular, na qual, o currículo dinâmico, vivo e diverso é construído a partir dos pressupostos históricos e sociais defendidos pelas teorias críticas.

Assim, ao longo deste capítulo, realizamos uma incursão pelas concepções de currículo, na teoria crítica, tecemos diálogos com os construtos de Paulo Freire e a perspectiva crítico emancipatória. Para a teoria pós-crítica, entrelaçamo-nos nos escritos complexos de Edgar Morin e, por fim, envolvemo-nos nas teias do currículo hibridizado a partir das ideias e pensamentos dos referidos autores.

Educação freiriana: de uma visão bancária ao currículo na perspectiva crítico emancipatória

No campo do currículo, a contribuição de Paulo Freire foi construída a partir da crítica à educação bancária e do seu alinhamento a uma educação libertadora, pautada na criticidade. A primeira tem como referência as teorias tradicionais de currículo que, por sua vez, percebem os educandos como receptáculos vazios e os educadores como detentores do conhecimento pleno. Além disso, nessa concepção, o foco é a transmissão de conteúdos, não havendo espaço para dúvidas, questionamentos e para a criatividade. Dessa maneira, perde-se a autonomia na produção do conhecimento e, de forma passiva, os estudantes se adaptam à sociedade vigente (MENEZES; SANTIAGO, 2014).

Enquanto o currículo se apresenta de forma estática, acabada e descontextualizada como reitera Freire (2001, p. 62): o currículo nessa perspectiva "[...] sugere uma dicotomia inexistente entre homens-mundo. Homens simplesmente no mundo e não com o mundo e com os outros. Homens espectadores e não recriadores do mundo".

Não obstante, na educação libertadora, as ações são pautadas em relações dialógicas[13], em que a escola passa a ser um espaço

---

[13] Consiste em construir uma reflexão sob a forma de diálogo.

democrático. Desse modo, a educação, como prática de liberdade, tem como objetivo desenvolver a consciência crítica, por meio da interação com a realidade social, ou seja, a partir do diálogo (MENEZES; SANTIAGO, 2014).

Essa importância dada às relações e às interações encontra legitimidade no campo das propostas curriculares, por meio das teorias críticas de currículo. Lopes e Macedo (2011) afirmam que essa vertente emerge do movimento de renovação da teoria educacional, provocado pelas grandes agitações e transformações ocorridas na década de 60, como a independência das antigas colônias europeias, protestos estudantis e luta por direitos civis e, no Brasil, contra a Ditadura Militar.

Para Silva (2017), esses movimentos sociais colocaram em xeque o pensamento e a estrutura educacional tradicional. Consequentemente, as teorias críticas atuaram colocando em questão o status vigente, responsabilizando-o pelas injustiças e desigualdades sociais, buscando entender o que o currículo faz.

Dentre os vários autores que representam as teorias críticas, podemos citar Louis Althusser (*apud* LOPES; MACEDO, 2011), pois suas ideias e pensamentos, que conectam educação e ideologia, forneceram base para as críticas do currículo pautadas na análise marxista, que por sua vez, analisa a atuação do sistema educacional na preparação do sujeito para assumir papéis que são destinados à sua classe social (LOPES; MACEDO, 2011). Diante disso, o currículo é definido como aparato de controle social, visto que é a partir dele que a escola transmite a ideologia dominante.

A pretensão de romper com estruturas opressoras envolveu o currículo, baseado nas teorias críticas, na concepção emancipatória. Esse movimento se encontra com a pedagogia da educação libertadora de Freire ao buscar estabelecer uma relação dialética entre currículo e o contexto social, cultural, histórico e político, ao passo que inscreve as propostas curriculares na dimensão da totalidade para além de uma relação de causa e efeito.

CURRICULARIDADE

À vista disso, o currículo contribui para a emancipação dos sujeitos, como salienta Freire (1996), a educação libertadora não só desvela a realidade, mas a conhece criticamente, recriando o conhecimento para que os sujeitos consigam refletir e agir na ação comum de transformação da realidade opressora e dominante do sistema capitalista. Envolto dessa esfera, o planejamento curricular aborda as neutralidades e passa a ser construído a partir dos conflitos e dissensos e das percepções de mundo dos educadores e educandos.

Tais reflexões e trocas de experiências propulsionam os questionamentos dos estudantes nas questões sociais e na elaboração de um currículo contextualizado, que possibilita analisar e problematizar as relações de poder. Assim, a educação se torna um ato político e uma arma a favor da humanização.

À luz de Freire (2001), o processo de humanização se inicia a mediante o desenvolvimento da conscientização acerca das situações de opressão naturalizadas. Nesse processo, os discentes passam a se reconhecerem como sujeitos históricos, bem como as possibilidades de atuarem na transformação social e cultural frente às desigualdades e injustiças, como nos diz Freire (1996, p. 28), "um sujeito que é ator e autor de sua própria história e coautor das histórias coletivas que acontecem ao seu redor".

A organização do conhecimento para Edgar Morin: do paradigma simplificado à relação currículo\complexidade

Tomando como base os escritos de Morin (2015), a organização do conhecimento tem seguido uma lógica dicotômica: seleção dos dados significativos e exclusão dos dados não significativos. Tais formas de organização podem ser consideradas paradigmas pautados em princípios ocultos, que dominam nossa concepção de mundo sem que tenhamos consciência disso. Esse processo de disjunção e redução alimenta o paradigma criado por Descartes[14], que separa a

---

[14] René Descartes (1596-1650) foi um filósofo, físico e matemático francês e é considerado o criador do pensamento analítico cartesiano, que consiste em fragmentar fenômenos complexos em pedaços a fim de compreender o comportamento do todo (CAPRA, 2006).

Filosofia da Ciência, legitimando como válido somente aquilo que é quantificável e concebendo, assim, uma verdade absoluta. Trata-se de uma visão unidimensional que mutila o conhecimento e desconfigura o real. Um conjunto de abstrações que Morin (2015) denomina de "paradigma de simplificação".

Tal paradigma é consubstanciado pelo princípio de disjunção, no qual a inteligência é compartimentada e parcelada, tornando invisível a interação entre conhecimento científico e reflexões filosóficas provocando, assim, o isolamento radical dos campos do conhecimento (PETRAGLIA; VASCONCELOS, 2009).

Morin (2015) assevera que na tentativa de remediar essa ausência de interações, foi feita uma simplificação do complexo ao simples, reduzindo o biológico ao físico e o humano ao biológico, ou seja, várias hiperespecializações foram instituídas, fragmentando a realidade e isolando os objetos de seus meios.

Essa "inteligência cega"[15] desemboca na educação por meio do movimento linear disciplinar, que se caracteriza pela inexistência de interrelações entre os elementos do saber uma visão mutiladora que impossibilita enxergar todas as disciplinas como constituintes heterogêneas de um mesmo tecido e de uma realidade complexa. Dessa forma, fazemos nossas as palavras de Morin (2015, p. 12), "[...] o pensamento simplificador é incapaz de conceber a conjunção do uno e do múltiplo".

Essa realidade ecoa nas propostas curriculares, sejam prescritas ou em ação, concebendo, assim, um currículo estratificado, disciplinar e monocultural. Nesse viés, o currículo perde a capacidade de responder aos desafios suscitados pela educação e sua complexidade.

Ao encontro das reflexões de Morin (2003; 2011; 2015), o currículo precisa possibilitar o "devir cultural", passando a ser construído

---

[15] Inteligência cega: inteligência parcelada, mecanicista e reducionista rompe com o complexo em fragmentos disjuntos, separa o que unido, torna unidimensional o multidimensional. uma inteligência míope que acaba por ser cega, pois reduz os julgamentos corretivos e a visão a longo prazo. Por isso, quanto mais os problemas se tornam multidimensionais, maior é a incapacidade de pensar sua multidimensionalidade (MORIN, 2015).

CURRICULARIDADE

dentro de um circuito recursivo, no qual a diversidade e encontros inter/transdisciplinares são concebidos a partir da homogeneização e da disciplinaridade, abrigando uma hibridização emergida de um processo ambivalente com aspectos antagônicos, mas complementares.

Nesse sentido, mudanças na organização do conhecimento precisam acontecer, e a base organizacional desse processo são os currículos, que tendem a ser pressionados a responder aos desafios emergidos do tecido social multicultural e multidimensional, que por sua vez suscitam uma educação alinhada ao paradigma complexo. Sendo assim, os currículos ora são recontextualizados, contextualizados, desorganizados, desordenados para se (re)estruturarem e, consequentemente, possibilitarem a construção do currículo vivo, que comporte toda a dinamicidade da realidade.

Assim sendo, o currículo nutrido pela complexidade encontra abrigo nas teorias pós-críticas de currículo, posto que contempla novos olhares, reconstruindo as reflexões emergidas nas teorias precedentes. No tocante às teorias pós-críticas, Lopes e Macedo (2011) e Silva (1999) salientam que esta vertente curricular foi aflorada pelas recentes transformações na teorização social, pelos novos movimentos sociais, pelos estudos culturais, que passam a enfatizar o currículo como prática cultural e de significação.

Ademais, ressaltam o discurso em vez de o conceito de ideologia, abandonando a ideia de estrutura e incorporando a releitura da linguagem. Dessa maneira, explicita-se uma relação entre discurso e o conhecimento como parte do discurso e poder. Portanto, os discursos curriculares são entendidos como atos de poder, que podem ser (re)significados e (re)construídos.

Nessa esteira, o conhecimento originado da relação entre o currículo e a complexidade precisa trazer à tona todos os fios que tecem o tecido social, a ordem e a desordem, as certezas e incertezas, o racional e o irracionável, as ações, interações e retroações, contemplando toda a multidimensionalidade humana (MORIN; KERN, 2003; MORIN, 2011, 2015).

Complexidade e a pedagogia do diálogo: as teias de um currículo hibridizado

Mais do que grandes educadores, Freire e Morin têm em comum o fato de pensarem no contexto humano também na perspectiva de romper o reducionismo e o mecanicismo provocado pelas concepções cartesianas. Nessa linha de pensamento humanista, ambos trazem em seus escritos o conhecimento a partir da contextualização, do diálogo integral, cognitivo e fraterno entre os sujeitos, em prol do desenvolvimento coletivo o qual contribui para evolução individual e vice-versa (GUIMARÃES, 2020).

> Freire foi um pensador de sólidas bases filosóficas, embora ele não tenha sido um epistemólogo, diferentemente de Edgar Morin, que percorreu todo o arco do conhecimento e desenvolveu sua epistemologia da complexidade. Morin foi da teoria à prática, enquanto Freire foi da prática à teoria [...]. (MORAES, 2021, p. 341).

Assim, nessa teia que envolve os estudiosos, encontra-se um campo forte de influências que se agregam, logo, a perspectiva do conhecimento contemporâneo traz a reflexão de um currículo hibridizado que tem marcas fortes no currículo brasileiro ao mesclar o discurso pós-moderno com cerne político nas concepções teóricas críticas (LOPES, 2002).

Nessa esteira, ainda para Lopes (2002, p. 47), "o processo de hibridação ocorre com a quebra e a mistura de coleções organizadas por sistemas culturais diversos, com a desterritorialização de produções discursivas variadas, constituindo e expandindo gêneros impuros".

Nessa perspectiva, sabe-se que Freire e Morin, em seus escritos, despertam questões fundamentais ao tratarem de conhecimento, sempre trazendo para discussões a importância da contextualização, uma educação crítica e de conscientização, em que os meios se ligam aos fins e vice-versa, ou melhor, na relação educador, educando e o contexto que estão inseridos. Daí o fato de suas concepções assi-

CURRICULARIDADE

narem presença em inúmeras publicações acerca de currículo, haja vista que o currículo está em constante movimento de acordo com interesses histórico-sociais, sinônimo de conhecimento e construções cognitivas. Ao retomar a hibridização, é importante lembrar que há uma história de lutas ante e pós-coloniais (LOPES, 2002).

Ampliando sua perspectiva de análise, Silva (2000, p. 67) traz que,

> Hibridismo: no contexto da teoria pós-estruturalista e da teoria pós-colonialista, tendência dos grupos e das identidades culturais a se combinarem, resultando em identidades e grupos renovados. Por sua ambiguidade e impureza, o hibridismo é celebrado e estimulado como algo desejável. Está relacionado a termos que, de forma similar, destacam o caráter fluido, instável e impuro da formação da identidade cultural, tais como mestiçagem, sincretismo, tradução e cruzamento de fronteiras.

Isso significa, inclusive, que houve um avanço da história ocidental, a junção de grupos por vez ambíguos, em prol de uma causa, que para Morin (2015, p. 77) "o paradigma complexo resultará do conjunto de novas concepções, de novas visões, de novas descobertas e de novas reflexões que vão acordar, se reunir". Por estas razões, a tendência híbrida presente nos currículos perpassa pela prerrogativa de articular diversos campos de discursos e culturas de um mundo extremamente multicultural e heterogêneo que é firmado diariamente em toda rotina educacional.

Diante de um mundo multicultural Gadotti, Freire e Guimarães (1995) defendem que a educação deve ocorrer pelo diálogo entre educadores e educandos, dessa maneira o processo de ensino e aprendizagem pode ocasionar transformações para todos os sujeitos envolvidos, haja vista que o diálogo se faz necessário e essencial à promoção do pensamento crítico.

A partir da pedagogia do diálogo na proposta educacional de Freire, o educador é visto como um facilitador do processo de aprendizagem, busca criar um ambiente de igualdade, incentiva os estudantes a participarem e a contribuírem com a construção de seus próprios conhecimentos, "ensinar não é transferir conhecimento, mas criar as possibilidades para a sua própria produção ou a sua construção" (FREIRE, 1996, p. 13). Sendo assim, essa construção educacional deve ser olhada como uma prática com o objetivo de libertar os oprimidos e colocá-los no centro de sua aprendizagem para desenvolverem sua capacidade crítica, isso traz à tona características a serem desenvolvidas no currículo que é denominado de currículo em ação ou ativo.

Conforme nos diz Libâneo (2012, p. 254), "currículo formal ou prescrito advém das reformas curriculares concebidas e implementadas pelos governos, já o currículo em ação ou ativo é o que acontece efetivamente na sala de aula e o currículo oculto é aquele que não é dito, embora seja carregado de sentido". Desse modo, prevalecemo-nos da força que o educador tem ao se encontrar atuante "no chão da escola" junto a seus educandos na execução do currículo em ação.

Atrelados a essas teias, Morin (2011) enfatiza que é fundamental o processo educacional conduzir as interações entre os indivíduos, pois não são apenas inseparáveis, mas coprodutores um do outro. Trazendo ao estudioso a compreensão e reflexão epistemológica de um modo transdisciplinar[16]. Para Moraes (2021, p. 343) "[...] o pensamento de Paulo Freire tem a ver com esta visão complexa e transdisciplinar proposta pela teoria da complexidade e da transdisciplinaridade e, em decorrência, tem muito a ver com o Pensamento Ecossistêmico[17]".

Notamos que os elos de interações são essenciais nas propostas de Morin (2015), ao trazer o Pensamento Complexo, em que tudo se integra e é tecido em conjunto. Nesse mesmo sentido encontra-

---

[16] Transdisciplinaridade – sistema composto por múltiplos níveis de realidade, múltiplos objetos e múltiplos campos de conhecimento. Caracterizado por intensa cooperação, coordenação e comunicação (troca epistêmica), no qual os campos disciplinares são muito permeáveis e se interpenetram. Neste sistema é prevista a análise de várias facetas do objeto, com objetivo de ampliar as possibilidades de compreensão do mesmo (SANTOS, 2012, p. 60-62).

[17] O Paradigma Ecossistêmico tem como fundamentação teórica principal a Teoria da Complexidade de Edgar Morin, as teorias biológicas de Maturana e Varela e as implicações decorrentes dos princípios da Física Quântica e de seus desdobramentos da Filosofia da Ciência, bem como a Teoria da Transdisciplinaridade, construída por Basarab Nicolescu (MORAES, 2021, p. 223).

mos Freire (1980) ao se voltar para uma educação transformadora e libertadora.

> O diálogo exige igualmente uma fé intensa no homem, fé em seu poder de fazer e refazer, de criar e recriar, fé em sua vocação de ser mais humano [...]. O homem de diálogo é crítico e sabe que embora tenha o poder de criar e de transformar tudo, numa situação completa de alienação, pode-se impedir os homens de fazer uso deste poder. (FREIRE, 1980, p. 83-84).

Freire não utilizou diretamente o termo "transdisciplinaridade", mas suas ideias se relacionam a essa abordagem. O autor/educador defendia que educação buscasse por uma compreensão da realidade com criticidade e destacava a importância de contextualizar o conhecimento, estabelecendo relações com as experiências dos educandos, além da busca por uma educação emancipadora, à frente das disciplinas curriculares.

Portanto, ao se pensar em currículo hibridizado, de certo se possibilita trazer a complexidade no desenvolvimento da criticidade e novas ideias que configuram a relação dialógica que envolve o processo de ensino e aprendizagem.

Tessituras finais

Somos frutos de um mundo dominante com heranças que ainda se fazem presentes principalmente no contexto educacional, mudar a percepção cartesiana, ou seja, velhos modelos e comportamentos não é tarefa fácil, por outro lado, é possível perceber que a partir da complexidade e do diálogo educacional o processo de sinergia torna-se mais atuante.

Nosso desafio, contudo, é romper uma educação pautada apenas na transmissão de conteúdos, a partir de um currículo disciplinar, daí se pensar em um currículo que proporcione a emancipação dos sujeitos, por meio de uma educação libertadora aos moldes freirianos e logo concordamos quando diz: "Prefiro ser criticado como idealista e sonhador inveterado por continuar, sem relutar, a apostar no ser humano, a me bater por uma legislação que o defenda contra as arrancadas agressivas e injustas de quem transgride a própria ética" (FREIRE, 1996, p. 129).

Acerca dessa lógica de pensar, renovamos igualmente a preocupação de Morin (2009) ao tratar a finalidade do ensino como "Uma cabeça bem-feita significa que, em vez de acumular o saber, é mais importante dispor ao mesmo tempo de uma aptidão geral [...] e princípios organizadores que permitam ligar os saberes e lhes dar sentido" (MORIN, 2009, p. 21).

Diante de tais instâncias contemporâneas, sabemos que o currículo ainda traz, sim, raízes nas teorias tradicionais com elos nas teorias críticas e ensaios pós-críticos. Assim, o ponto de vista do hibridismo passa a ser almejado ao também perceber um currículo que precisa possibilitar o "devir cultural", reafirmando o que Freire e Morin buscam, modelos de ensino pareados com valores, ideias mais humanistas, mais multidimensionais, ora, um olhar que apresente ao sujeito a proposta de uma educação emancipatória e transdisciplinar, ou seja, uma teia em que tudo está ligado em prol do conhecimento pertinente para o avanço de uma nova era planetária.

Referências

BRAUEN, Karin Claudia Nin; FREIRE, Maximina Maria. Paulo Freire e Edgar Morin: a complementaridade de um diálogo possível. **Trabalho em Linguística Aplicada**, Campinas, n (60.1), p. 316-327, jan./abr. 2021

CAPRA, Fritjof. **A teia da vida**: uma nova compreensão dos sistemas vivos. Tradução de Newton Roberval Eichemberg. São Paulo: Cultrix, 2006.

FREIRE, Paulo **Educação como prática da liberdade**. 10. ed. Rio de Janeiro: Paz e Terra, 1980.

FREIRE, Paulo. **Pedagogia da Autonomia**: saberes necessários à prática educativa. São Paulo: Paz e Terra, 1996.

FREIRE, Paulo. **Pedagogia do oprimido**. 31. ed. Rio de Janeiro: Paz e Terra, 2001.

GADOTTI, Moacir; FREIRE, Paulo; GUIMARÃES, Sérgio. **Pedagogia do diálogo**. 4. ed. São Paulo: Cortez, 1995

GUIMARÃES, Carlos Antônio Fragoso. **Paulo Freire e Edgar Morin sobre saberes, paradigmas e educação**: um diálogo epistemológico. 1. ed. Curitiba: Appris, 2020.

LIBÂNEO, José Carlos; OLIVEIRA, João Ferreira; TOSCHI, Mirza Seabra. **Educação escolar**: políticas, estruturas e organização. 10. ed. São Paulo: Cortez, 2012.

LOPES, Alice C.; MACEDO, Elizabeth (org.). **Currículo**: debates contemporâneos. São Paulo: Cortez, 2002. (Série cultura, memória e currículo, v. 2).

LOPES, Alice C.; MACEDO, Elizabeth. **Teorias de Currículo**. São Paulo: Editora Cortez, 2011.

MATOS, Maria do Carmo de; PAIVA, Edil Vasconcellos de. Hibridismo E Currículo: ambivalências e possibilidades. **Currículo sem Fronteiras**, v. 7, n. 2, p. 185-201, jul./dez. 2007.

MORAES, Maria Cândida. **Paradigma Educacional Ecossistêmico**: por uma nova ecologia da aprendizagem humana. Rio de Janeiro: Wak Editora, 2021.

MORIN, Edgar. **Introdução ao pensamento complexo**. 5. ed. Porto Alegre: Sulinas, 2015.

MORIN, Edgar. **Os Sete Saberes Necessários à Educação do Futuro**. 2. ed. rev. São Paulo: Cortez; Brasília, DF: Unesco, 2011.

MORIN. Edgar. **A cabeça bem-feita**: repensar a reforma, reformar o pensamento. 16. ed. Rio de Janeiro: Bertrand Brasil, 2009.

PETRAGLIA, Izabel Cristina; VASCONCELOS, Maria Aparecida Flores de Cintra. Educação e ética planetária. **Cadernos de Pós-Graduação – Educação**, São Paulo, v. 8, p. 65-74, 2009.

SANTOS, Marcio Antonio Raiol dos. **Transdisciplinares e Educação**: fundamentos de complexidade e a docência/discência. Editora Açaí, 2012.

SILVA, Tomaz Tadeu da. **Documentos de identidade**: uma introdução às teorias do currículo. 3. ed. Belo Horizonte: Autêntica, 2017.

SILVA, Tomaz Tadeu da. **Teoria cultural e educação** — um vocabulário crítico. Belo Horizonte: Autêntica, 2000.

SOBRE OS AUTORES

Alexandre Fernandez Vaz

Doutor em Ciências Humanas e Sociais. Professor titular da Universidade Federal de Santa Catarina (Ufsc). Pesquisador do Conselho Nacional de Desenvolvimento Científico e Tecnológico (CNPq). Docente do Centro de Ciências da Educação. Docente dos Programas de Pós-Graduação Interdisciplinar em Ciências Humanas e em Educação (Ufsc). Líder do Núcleo de Estudos e Pesquisas Educação e Sociedade Contemporânea.

Lattes: 6212166433015570

Orcid: 0000-0003-4194-3876

Carlos Afonso Ferreira dos Santos

Mestre em Educação. Professor na rede de ensino básico do município de Soure, Pará. Membro do Grupo de Pesquisa em Práticas Pedagógicas para o Ensino na Educação Básica (Gprape).

Lattes: 0909350979071382

Orcid: 0000-0003-4008-5478

Cláudio Narcélio Rodrigues de Araújo

Mestrando do curso de pós-graduação em Currículo e Gestão da Educação Básica (Ufpa), graduado em licenciatura em Pedagogia, vinculado ao Grupo de Pesquisa em Práticas Pedagógicas para o Ensino na Educação Básica (Gprape). Professor e gestor na educação básica.

Lattes: 8603650400799294

Orcid: 0000-0002-9976-7759

Elane Cristina Pinheiro Monteiro

Mestra em Currículo e Gestão da Escola Básica. Professora da Universidade Federal do Pará (Ufpa). Docente da Escola de Aplicação. Membro do Grupo de Pesquisa em Práticas Pedagógicas para o Ensino na Educação Básica (Gprape).

Lattes: 1395446416078271

Orcid: 0000-0002-6375-7807

Fabiana Sena da Silva

Mestra em Currículo da Escola Básica pelo Programa de Pós-Graduação em Currículo e Gestão da Escola Básica da Universidade Federal do Pará (Ufpa). Especialista em Educação da Secretaria de Estado de Educação do Pará (Seduc/PA).

Lattes: 3020244218714884

Orcid: 0000-0003-3329-3463

Humberto de Jesus Caldas Pereira

Mestre em Currículo e Gestão da Escola Básica (PPEB/Ufpa). Especialista em Gestão e Planejamento Educacional (Ufpa). Especialista em Ensino de Matemática em Escolas Ribeirinhas (Ufpa). Pedagogo (Ufpa). Professor da educação básica (Semec/Belém).

Lattes: 5402721786031727

Orcid: 0000-0001-6846-8775

CURRICULARIDADE

Lívia Maria Neves Bentes

Mestra em Currículo e Gestão da Escola Básica (PPEB/NEB/ Ufpa); pós-graduada em Educação Sistêmica (PPL); graduada em licenciatura em Educação Física (Ufpa); graduada em Comunicação Social - Jornalismo (Unama). Docente efetiva da Escola de Aplicação da Universidade Federal do Pará (Ufpa). Membro do grupo de Pesquisa Gprape; membro do Grupo de Pesquisa Infâncias em Teia; membro do Instituto Iandê; e membro da Escola Viva em Movimento.

Lattes: 7730014979538900

Orcid: 0000-0001-8813-1301

Marcio Antonio Raiol dos Santos

Doutor em Educação. Professor titular da Universidade Federal do Pará (Ufpa). Docente do Núcleo de Estudos Transdisciplinares da Educação Básica (NEB/Ufpa) e docente permanente do Programa de Pós-Graduação em Currículo e Gestão da Escola Básica (Ufpa). Líder do Grupo de Pesquisa em Práticas Pedagógicas para o Ensino na Educação Básica (Gprape).

Lattes: 5442731812982365

Orcid: 0000-0002-4723-1231

Nilce do Carmo Pantoja

Mestra em Educação (PPGED/Ufpa). Especialista em Psicologia Educacional com ênfase em Psicopedagogia preventiva (Uepa). Especialista em Educação Classe III (Seduc/PA). Pedagoga (Uepa). Professora licenciada plena (Semec/Belém).

Lattes: 1320816629873820

Orcid: 0000-0003-2062-6687

Renan Santos Furtado

Doutor em Educação. Professor da Universidade Federal do Pará (Ufpa). Docente da Escola de Aplicação. Membro do Centro Avançado de Estados em Educação e Educação Física (CAÊ).

Lattes: 0724633321532061

Orcid: 0000-0001-7871-2030

Suellen Ferreira Barbosa

Mestra em Currículo da Escola Básica pelo Programa de Pós-Graduação Graduação em Currículo e Gestão da Escola Básica da Universidade Federal do Pará (Ufpa). Professora do Instituto Federal de Educação, Ciência e Tecnologia do estado do Pará (Ifpa), campus Itaituba.

Lattes: 1460451269945154

Orcid: 0000-0002-4056-8165